Fair Play

für den Ethikunterricht
in den Jahrgangsstufen 9 und 10

LEHRERBAND

Herausgegeben von: Volker Pfeifer

Erarbeitet von: Ulrike Hanraths, Volker Pfeifer,
Helmut Wamsler und Andrea Welz

Bildquellenverzeichnis
S. 29: Chance Gardener/www.flickr.com; S. 35: privat; S. 87, alle: © picture-alliance/united archives

© 2010 Bildungshaus Schulbuchverlage
Westermann Schroedel Diesterweg Schöningh Winklers GmbH
Braunschweig, Paderborn, Darmstadt

www.schoeningh-schulbuch.de
Schöningh Verlag, Jühenplatz 1–3, 33098 Paderborn

Das Werk und seine Teile sind urheberrechtlich geschützt.
Jede Nutzung in anderen als den gesetzlich zugelassenen Fällen bedarf der
vorherigen schriftlichen Einwilligung des Verlages.
Hinweis zu § 52a UrhG: Weder das Werk noch seine Teile dürfen ohne eine
solche Einwilligung gescannt und in ein Netzwerk gestellt werden.
Das gilt auch für Intranets von Schulen und sonstigen Bildungseinrichtungen.

Auf verschiedenen Seiten dieses Buches befinden sich Verweise (Links) auf
Internet-Adressen. Haftungshinweis: Trotz sorgfältiger inhaltlicher Kontrolle wird
die Haftung für die Inhalte der externen Seiten ausgeschlossen. Für den Inhalt
dieser externen Seiten sind ausschließlich deren Betreiber verantwortlich.
Sollten Sie dabei auf kostenpflichtige, illegale oder anstößige Inhalte treffen,
so bedauern wir dies ausdrücklich und bitten Sie, uns umgehend per E-Mail davon
in Kenntnis zu setzen, damit beim Nachdruck der Verweis gelöscht wird.

Druck 5 4 3 2 1 / Jahr 2014 13 12 11 10
Die letzte Zahl bezeichnet das Jahr dieses Druckes.

Umschlaggestaltung: Nora Eumann, Bielefeld; Foto: © Vera Berger/zefa/Corbis
Druck und Bindung: Media-Print Informationstechnologie GmbH, Paderborn

ISBN 978-3-14-025016-0

Inhaltsverzeichnis

Menschen in der Höhle – ein philosophisches Gleichnis 7

Selbst werden – selbst sein 8

Allgemeine Erläuterungen zur Unterrichtseinheit 8
Leitfaden für mögliche Unterrichtssequenzen 8
Auftakt 8
1. Das Ich – eine feste Größe? 9
2. Wer und was uns prägt 9
3. Identitäts- und Ichbildung (▶ *Tafelbild*) 10
4. Sich selbst neu erfinden/5. Gewalt gleich männlich?/6. Über sich selbst hinauswachsen/
   7. Frauenrollen – Männerrollen? 11
8. Vom Gleichsein und der Veränderung 15

Vorschläge für Klassenarbeiten 15

Allein, zu zweit, zu mehreren 16

Allgemeine Erläuterungen zur Unterrichtseinheit 16
Leitfaden für mögliche Unterrichtssequenzen 16
Auftakt 16
1. Lebensform Familie 16
2. Familien im Vergleich 17
3. Für immer Freunde? 17
4. Einzel-Schicksal? 18
5. All we need is love? 18
6. Von Liebe, Schmerz, Moral 18
7. Lieben und verstehen (▶ *Tafelbild*) 19
8. Ausdrucksformen der Liebe: Intimität, Sex, Zärtlichkeit 19
9. Nah, näher, und dann?/10. Sex macht cool? 20
11. Paar oder Partner? 21
12. Wenn Lebensentwürfe in die Brüche gehen/14. Wenn Beziehungen gelingen sollen 22
13. Für oder gegen die Ehe? 22

Exemplarische Unterrichtsstunde 23
Vorschläge für Klassenarbeiten 24

Gewalt und Gewaltfreiheit 26

Allgemeine Erläuterungen zur Unterrichtseinheit 26
Leitfaden für mögliche Unterrichtssequenzen 26
Auftakt 26
1. Das Fremde und das Eigene/2. Fremd unter uns? 27
3. Was ist Gewalt?/4. Sind Diskriminierung und Rassismus „natürlich"?
   (▶ *Tafelbild*)/5. Wie entstehen Aggression und Gewalt? 27
6. Inszenierungen von Gewalt/7. Gewalt per Mausklick (▶ *Zusatzmaterial*)/8. Unfassbare Gewalt
   (▶ *Argumentationsskizze*) 28
9. „Schule für Killer"/10. „Krieg macht krank" – Kriegstraumatisierung (▶ *Zusatzmaterial*)/
   11. „Humankapital" 30
12. Gewalt ist keine Lösung/13. Was heißt Toleranz? (▶ *Tafelbild*)/14. Friedensarbeit
   (▶ *Zusatzmaterial*) 32

Exemplarische Unterrichtsstunde (▶ *Tafelbilder*) 34
Kompetenzhinweise 35
Vorschläge für Klassenarbeiten 36

Recht und Gerechtigkeit 38

Allgemeine Erläuterungen zur Unterrichtseinheit 38
Leitfaden für mögliche Unterrichtssequenzen 38
Auftakt 38
  1. Alles, was Recht ist ... (▶ *Tafelbild/Argumentationsskizze*) 38
  2. Das Recht: ein nützliches Regelwerk? 39
  3. Recht und Moral (▶ *Tafelbild*) 39
  4. Es ist nicht alles Recht, was Gesetz ist (▶ *Argumentationsskizze*) 40
  5. Ungehorsam gegen Gesetz und Staat? 41
  6. Ungerecht oder gerecht: Was heißt das? 42
  7. Platons Vorstellung von Gerechtigkeit (▶ *Argumentationsskizze*) 42
  8. Eine moderne Theorie der Gerechtigkeit (▶ *Argumentationsskizze*) 43
  9. Rechte, die dem Menschen als Menschen zustehen (▶ *Tafelbild*) 44
10. Geht es hier unfair zu? 45
Exemplarische Unterrichtsstunde 45
Kompetenzhinweise 46

Sokrates: Fragen – Reflektieren – Philosophieren 47

Allgemeine Erläuterungen zur Unterrichtseinheit 47
Leitfaden für mögliche Unterrichtssequenzen 47
Auftakt 47
  1. Wer war Sokrates? (▶ *Tafelbild*) 48
  2. Was ist Tapferkeit? – Ein sokratischer Dialog (▶ *Argumentationsskizze*) 48
  3. Die sokratische Methode: klare Begriffe und überzeugende Gründe (▶ *Tafelbild*) 48
  4. Sokrates bleibt sich treu – bis in den Tod (▶ *Argumentationsskizze*) 49
  5. Wir machen uns gemeinsam auf den Weg ...: das Sokratische Gespräch 50
  6. Sokrates auf dem Prüfstand (▶ *Tafelbild*) 51
Kompetenzhinweise 52
Vorschläge für Klassenarbeiten 53

Thomas Hobbes – Staat und Moral per Vertrag 54

Allgemeine Erläuterungen zur Unterrichtseinheit 54
Leitfaden für mögliche Unterrichtssequenzen 55
Auftakt (▶ *Tafelbild*) 55
  1. Thomas Hobbes: sein Leben – seine Zeit (▶ *Tafelbild*) 55
  2. Was den Menschen zum „Menschen" macht – Hobbes' Menschenbild (▶ *Tafelbild*) 56
  3. Der Naturzustand – ein Gedankenexperiment (▶ *Tafelbild*) 57
  4. Der Vertrag – ein Akt der praktischen Vernunft (▶ *Tafelbild*) 58
  5. Normenbegründung per Vertrag – der Kontraktualismus (▶ *Tafelbild/Argumentationsskizze*) 59
  6. Kritik des Hobbes'schen Vertragsmodells 61
Kompetenzhinweise 61

David Hume – Gefühle als Fundament der Moral? 62

Allgemeine Erläuterungen zur Unterrichtseinheit 62
Leitfaden für mögliche Unterrichtssequenzen 63
Auftakt (▶ *Tafelbild*) 63
  1. David Hume: sein Leben, seine Zeit 63
  2. Auf die Erfahrung kommt es an! 64
  3. Humes Landkarte der Gefühle 65
  4. Verstand oder Gefühl? (▶ *Zusatzmaterial*) 65
  5. Eine Ethik der Sympathie? (▶ *Tafelbild*) 67
  6. Die Tugend der Gerechtigkeit (▶ *Tafelbild*) 68
  7. Tatsachen und Werte: der feine Unterschied zwischen *beschreiben* und *bewerten* 68
  8. David Hume auf dem Prüfstand 69
Exemplarische Unterrichtsstunde 70
Literaturhinweise 70

Freiheit in Verantwortung 72

Allgemeine Erläuterungen zur Unterrichtseinheit 72
Leitfaden für mögliche Unterrichtssequenzen 72
Auftakt 72
  1. Freiheit ohne Grenzen? (▶ *Argumentationsskizze*)/2. Freiheit wovon? – Freiheit wozu? 73
  3. Was uns unfrei macht 73
  5. Wann handeln wir frei? (▶ *Argumentationsskizze*)/6. Wie entsteht der eigene Wille? (▶ *Tafelbild*) 74
  7. Verantwortlich – Wer? Wofür? Warum? (▶ *Tafelbild/Zusatzmaterial*)/8. Handeln zugunsten anderer 76
Exemplarische Unterrichtsstunde 79
Kompetenzhinweise 79
Vorschläge für Klassenarbeiten 79

Natur – Mensch – Leben 81

Allgemeine Erläuterungen zur Unterrichtseinheit 81
Leitfaden für mögliche Unterrichtssequenzen 81
Auftakt 81
  1. Natur und Kultur 81
  2. Was hat Natur mit Moral zu tun? 82
  4. Mensch und Umwelt/5. Quelle Natur?/6. Natur und Technik 83
  7. Natur und ethische Verantwortung 83
Exemplarische Unterrichtsstunde 84
Vorschläge für Klassenarbeiten 85

Altern, Sterben, Tod 86

Allgemeine Erläuterungen zur Unterrichtseinheit 86
Leitfaden für mögliche Unterrichtssequenzen 86
Auftakt 86
  1. Was heißt eigentlich „alt"?/2. Anti-Aging, Pro-Aging oder das Recht auf Gebrechlichkeit? (▶ *Zusatzmaterial*)/3. Alte Menschen in der Gesellschaft/4. Jung und Alt – kein unüberbrückbarer Gegensatz 87
  5. Wenn es zu Hause nicht mehr geht.../6. Vom Umgang mit Sterben und Tod/7. Sterben in Würde? (▶ *Tafelbild/Zusatzmaterial*)/8. Sterbehilfe als Hilfe zum Sterben?/9. In Würde leben bis zuletzt – zum Beispiel die Hospizbewegung (▶ *Tafelbild/Zusatzmaterial*) 88
  10. Was geschieht, wenn ein Mensch gestorben ist?/11. Trauer und Trost/12. Was kommt nach dem Tod?/13. Sterben, Tod und Trauer in anderen Kulturen 96
Exemplarische Unterrichtsstunde 97
Kompetenzhinweise 98
Vorschläge für Klassenarbeiten 98

Religionen: Christentum und Islam 100

Vorschläge zur Unterrichtsplanung 100
Allgemeine Erläuterungen zur Unterrichtseinheit: Christentum 102
Leitfaden für mögliche Unterrichtssequenzen 103
(▶ *Tafelbild/Zusatzmaterial*) 103
Exemplarische Unterrichtsstunde 106
Kompetenzhinweise 107
Vorschläge für Klassenarbeiten 107

Allgemeine Erläuterungen zur Unterrichtseinheit: Islam 108
Leitfaden für mögliche Unterrichtssequenzen 108
  11. Der Islam – die jüngste der Weltreligionen 108
  12. Was bedeutet die Moschee für Muslime? 108
  13. Welche religiösen Pflichten gelten für alle Muslime?/14. Wie erleben Muslime ihre religiösen Pflichten? 109

15. Muslimische Feiertage im Jahreskreis   109
16. Was ist der Koran?/17. Gleichberechtigung der Frau im Islam?/18. ... so steht es im Koran?/
    19. Frauen im Islam – zwischen Unterdrückung und neuem Selbstverständnis   109
21. Muslime in Deutschland (▶ *Tafelbild/Argumentationsskizze/Zusatzmaterial*)22. Christentum und
    Islam im Dialog   110

Exemplarische Unterrichtsstunde   113
Kompetenzhinweise   114
Vorschläge für Klassenarbeiten   114

Verzeichnis der im Schülerband aufgeführten Methoden   115

Menschen in der Höhle – ein philosophisches Gleichnis

In der Mitte seiner umfassenden Staatstheorie (Politeia) hat Plato das Höhlengleichnis platziert. Es soll gleichnishaft die Wesensnatur des Menschen zum Ausdruck bringen: sein Gefangensein in Unwissenheit des wahren Wesens der Welt; seine mühevolle Erkenntnisarbeit – aber auch die Möglichkeit der Befreiung durch die Philosophie. Sie allein vermag einen allmählichen Aufstieg zur Schau des wahren Seins zu garantieren.

Im vorliegenden Band sind die philosophischen Sachverhalte und Probleme, verglichen mit dem vorhergehenden Band, zahlreicher (vgl. z. B. die Kapitel zu Sokrates, Hobbes und Hume), die Texte im Sinne einer Progression etwas länger und abstrakter. Es scheint daher legitim, als Auftakt Platons Höhlengleichnis in einer vereinfachten Version zu präsentieren.

Eine mögliche Interpretation des Höhlengleichnisses:
1. Teil: Das alltägliche Weltverständnis: die unmittelbaren Sinneserfahrungen samt der Bewegungen und der Sprache zeigen nicht das Eigentliche, sind nur Andeutungen und Täuschungen.
2. Teil: Erste Stufe der Erkenntnis: Schmerzhafter und verwirrender Verlust der Unmittelbarkeit.
3. Teil: Zweite Stufe der Erkenntnis: Die gewaltsame Befreiung aus dem Reich der sinnlichen Erscheinungen zur Schau der Wesenheiten, des Wahren, Maßvollen und Schönen in den Erscheinungen (Ideen, Ideale).
4. Teil: Dritte Stufe der Erkenntnis: Entdeckung der höchsten Idee, des Seins als des Einen, Wahren, Guten und Schönen.
5. Teil: Der philosophische Bildungsauftrag: Philosophie als innere Verpflichtung zur Wahrheit, die Weitergabe der Erkenntnis trotz der Gefahr des Scheiterns.

Unter einem methodischen Blickwinkel kann die Grundfigur des dem Gleichnis zugrunde liegenden Gedankenganges als typisch für Fragestellungen und Problemlösungsversuche im Philosophie- bzw. Ethikunterricht angesehen werden. Zunächst haben wir es mit bestimmten ungeprüften Meinungen und vorläufigen Urteilen zu tun. Wir sitzen gleichsam in der „Höhle" unserer Medienwelten und bekommen pausenlos Meinungen oder Beobachtungen aus „zweiter Hand" geliefert. Wenn wir von den Schatten zum Licht, zur wahren Wirklichkeit kommen wollen, müssen wir versuchen, hinter die Kulissen zu schauen. Wir müssen bereit sein, uns umzudrehen – und dies ganz, mit dem ganzen Körper: Kopf, Herz, Hände. Wir müssen uns von den eingefahrenen, alltäglichen, vermeintlichen Selbstverständlichkeiten lösen, uns zumindest davon distanzieren, damit Platz entsteht für bessere Einsichten und Urteile. Die somit begonnene Erkenntnisbewegung ist ein schmerzvoller Prozess. Zu Beginn erleben wir Desorientierung. Die vertraute Normalität wird verlassen, wir sind geblendet. Im Ganzen handelt es sich um eine Bewegung, die Aufklärung durch Aufdecken von Verursachung und durch reflexives Einholen von Erkenntnisvoraussetzungen gewinnt. Wir trachten danach, unsere als fragwürdig oder unhaltbar erkannten Urteile durch besser zu begründende zu ersetzen. Vielleicht gelingt uns sogar in dem einen oder anderen Fall eine Letztbegründung. Wir verharren schließlich nicht im Zustand theoretischer Einsichten, sondern versuchen, soweit wir können, das als richtig Eingesehene in die Praxis umzusetzen.

Didaktische Schritte:
1. Ausgang: Alltagsmoral/Vorverständnisse...
2. Erste Umkehr: Reflexives Infragestellen bisheriger Selbstverständlichkeiten
3. Prozess der Begründung: organisch, zunehmend abstrakter; Arbeit mit „Gesprächspartnern" (Materialien/Texte); induktives Vorgehen
4. Vorläufige Letztbegründungen
5. Zweite Umkehr: didaktische Schleife – Blick zurück: Vergleich mit dem Ausgang
6. Von der Einsicht zum Handeln

Ein an das Höhlengleichnis angelehnter Versuch, den Begriff Bildung zu bestimmen:
Bildung erfordert Reflexivität und Befreiung aus der gefesselten Sitzposition des Zeitgenössischen.

Selbst werden – selbst sein

Allgemeine Erläuterungen zur Unterrichtseinheit

Dieses Kapitel befasst sich inhaltlich vorrangig mit dem Bereich *Anthropologie*, in dem es einerseits darum geht, die Schüler/innen zur Reflexion ihrer eigenen Entwicklung und Sozialisation anzuregen, sich mit den eigenen Vorstellungen und Erwartungen, auch kritisch, auseinanderzusetzen, andererseits auch ein Bewusstsein ihres Gewordenseins, bedingt durch soziales Umfeld, Geschlecht und ein gesellschaftliches Rollenverständnis zu entwickeln, dessen Bestandteile wiederum durchaus kritisch zu hinterfragen sind. Dies wiederum, bezogen auf den Bereich der Moralphilosophie/Lebensgestaltung, befähigt die Schüler/innen sich mit Vorstellungen von Zeitlichkeit, Geschichtlichkeit, Einzigartigkeit und Unverwechselbarkeit als Grundzüge des Menschen und seiner Lebensgestaltung zu beschäftigen und für den eigenen Lebensentwurf in den Blick zu nehmen.

Leitfaden für mögliche Unterrichtssequenzen

Seite 10/11 | Auftakt

Auf dieser Doppelseite[1] werden verschiedene Herangehensweisen an die Thematik dieses Kapitels angeboten, die je unterschiedliche Aspekte hervorheben: Das Rätsel der Sphinx bezieht sich allgemein auf den Menschen und wie er sich selbst sieht. Die Vertiefung durch das Zitat von André Gide ermöglicht die Beschäftigung mit der Frage, was am Menschen so interessant oder rätselhaft ist, worauf die Schüler/innen auch selbst antworten sollen, z. B. damit, dass der Mensch sich mit Sprache verständigt, dass er so viele Werkzeuge und Hilfsmittel erfunden und entwickelt hat, dass er über sein Denken und Sprechen reden und denken kann (Metaebene) und Ähnliches.
Das Kafka-Zitat legt den Schwerpunkt auf das, was vom Menschen sichtbar ist. Dies macht aber nur einen Teil aus, was den Schüler/innen durch die Antworten auf Frage 2 schnell deutlich wird, z. B. dass die Augen eines Menschen uns etwas über seinen Seelenzustand verraten oder dass sich hinter den Augen eines Menschen etwas sehr viel Gewichtigeres verbirgt.
In dem Peanuts-Cartoon wird einerseits das Verhältnis (hier Missverhältnis) zwischen dem, was ein Mensch sagt und wie er sich verhält, thematisiert, andererseits wird hier die Kommunikation und die Beziehungsebene zwischen Menschen angesprochen, die besonders durch die Denkblase Charly Browns in den Vordergrund tritt. Den Schüler/innen fällt durch die Formulierung seiner Gedanken „Was will sie denn von mir?", „Was habe ich nur wieder falsch gemacht?", „Ich hätte da schon ein paar Vorschläge zur Verbesserung..." die Bedeutung von Gefühlen und der Rolle des eigenen Selbstbildes für die Kommunikation zwischen Menschen auf.
Nach Wahl reicht einer dieser Zugänge als Einstieg ins Thema, aber es lassen sich auch alle drei behandeln, dafür muss dann eine Unterrichtsstunde einberechnet werden.

---

[1] Die Hinweise auf Doppelseiten und Seitenzahlen beziehen sich – wenn nicht anders angegeben – auf den Schülerband „*Fair Play* für den Ethikunterricht in den Jahrgangsstufen 9 und 10", Schöningh 2008.

| Seite 12/13 | **1. Das Ich – eine feste Größe?** |

Das Schreibgespräch als Einstieg zu der vertiefenden Frage, was das Selbst eines Menschen ist und wodurch es bedingt und beeinflusst ist, soll lediglich als erste Gedankensammlung betrachtet werden (z. B. das Äußere, das Verhalten, die Gefühle, Wünsche und Vorstellungen eines Menschen).
Der nachfolgende Text thematisiert einen Aspekt des Selbst-Seins, der für die Schüler/innen der Jahrgangsstufe 9/10 oft besonders wichtig ist: wie sie sich kleiden und ihr Äußeres gestalten.
Anhand der Aufgaben wird zunächst thematisiert, welche Bedeutung Kleidung für junge Menschen, hier beispielhaft das Mädchen Amelie, haben kann, dass sie ihr Selbst sehr stark über ihr Äußeres definieren. Dem stehen die Äußerungen der Mutter gegenüber, die nicht nur den Zusammenhang zwischen Kleidung und Identität weniger eng sieht als ihre Tochter, sondern darüber hinaus noch Ansprüche der Gesellschaft an das Verhalten des Einzelnen je nach Kontext formuliert.
Damit haben die Schüler/innen sich mit verschiedenen Argumenten für und gegen einen bestimmten „Kleidercode" auseinanderzusetzen und dabei auch ihre eigene Haltung zu äußern.
Ausgehend vom Nahhorizont der Schülererfahrung und -meinung kann dann allgemeiner die Problematik zwischen Aussehen, Kleidung und Selbst einerseits, andererseits das Vorhandensein von Anlässen und Situationen mit bestimmten Rollen- und Verhaltenserwartungen reflektiert und erörtert werden. In diesem Zusammenhang kann und sollte auch darauf eingegangen werden, welche Rahmenbedingungen es beispielsweise für den Schulkontext gibt und wie Schüler/innen damit umgehen und umgehen sollen. Drastische Beispiele wie Badekleidung in der Schule, Schlafanzug oder Ähnliches und Schulkleidung, Schuluniformen und restriktive Kleidungsvorschriften (Länge der Röcke, Blusenausschnitt), wie beispielsweise in Amerika üblich, können als Impuls die Diskussion beleben.
Auf der zweiten Hälfte der Doppelseite sollen die Schüler/innen mit Aufgabe 6 und 7 zu einer bewussten Selbsteinschätzung ihres Selbst kommen, das sich nicht auf Äußeres bezieht, sondern auf Verhaltensweisen, die wir gemeinhin dem Charakter oder der Persönlichkeit eines Menschen zuschreiben.
Das Ergebnis eines „Selbst" könnte beinhalten: freundlich, herzlich, offen, optimistisch, temperamentvoll, lebhaft, hektisch.
Variante: Ergebnisse von einzelnen Schüler/innen vorlesen, die anderen raten lassen, um wen es sich handelt. Sollten die Ergebnisse insgesamt zu vage sein und auf viele Schüler/innen zutreffen, können nun in einem nächsten Schritt die Schüler/innen sich gegenseitig charakterisieren, was oft zu genaueren und charakteristischeren Ergebnissen führt. Diese Resultate sollten dann ebenfalls vorgetragen werden, damit der Erkennungswert überprüft werden kann. Erfahrungsgemäß werden die Beschreibungen im Fortlauf sehr viel genauer, außerdem treffen auf diese Weise Selbst- und Fremdbild aufeinander, jedoch im Sinne einer Ergänzung und nicht Konfrontation.
Im Kant-Zitat und den dazugehörigen Aufgaben geht es um die Fähigkeit der Selbsterkenntnis des Ich und dass wir Menschen uns selbst Subjekt und Objekt gleichermaßen sind. Schüler/innen der Jahrgangsstufe 9 haben verständlicherweise Schwierigkeiten, einen Zugang zu diesem Text zu finden. Durch einen Beispielsatz aus der Grammatik „Ich sehe mich als einen freundlichen Menschen" und die Spiegelmetapher ist den Schüler/innen diese Vorstellung eines zweifachen Ichs gut nachvollziehbar zu machen.
Ergänzend zum Kant-Text können die Ausführungen von Hannah Arendt zum Selbst herangezogen werden:
Hannah Arendt, Über das Böse. Eine Vorlesung zu Fragen der Ethik. Piper Verlag GmbH München 2007, S. 70 f.

| Seite 14/15 | **2. Wer und was uns prägt** |

Familie und Herkunft und ihr Einfluss auf die Entwicklung des Selbst ist für die Schüler/innen leicht nachzuvollziehen, das Geschwisterspiel als Einstieg bietet schon zahlreiche Anknüpfungspunkte.
Im Interview von Alice Schwarzer mit Margarete Mitscherlich kommen Prägungen durch die Eltern, im negativen wie im positiven Sinne (Abhängigkeit und Förderung, Freiheit), durch die Region und die Familienkonstellation zur Sprache und können auch bezogen werden auf Erfahrungen der Schüler/innen.
Der Textauszug aus Hermann Hesses „Demian" greift diesen Gedanken noch einmal auf und veranlasst die Schüler/innen, sich die Stellung der einzelnen Familienmitglieder, wie sie im Text deutlich wird, bewusst zu machen und als Standbild darzustellen.

Beim Standbild ist es wichtig, dass diejenigen, die das Standbild gerade „aufbauen", dabei von den anderen nicht beobachtet werden, da sonst kaum zwischen Schüler/in und angenommener Haltung unterschieden werden kann. Deshalb sollten alle wegschauen, bis das Bild fertig ist und erst nach einem akustischen Signal („Freeze" oder klatschen) das Bild anschauen.

Inhaltlich ist bei diesem Bild zu erwarten, dass die Eltern und Schwestern, sofern sie alle dargestellt werden, näher beieinander stehen als der Erzähler. Ansonsten werden Streitsituationen ebenso gerne dargestellt wie Versöhnungsgesten.

Die Begriffsreflexion am Ende der Doppelseite kann dazu dienen, in einem Sokratischen Gespräch noch einmal die Bedeutung des Selbst darzulegen. Eine verkürzte Variante könnte darin bestehen, dass die Schüler/innen zwei bis drei Begriffe auswählen und diese auf dem Hintergrund ihrer eigenen Erfahrungen erklären.

Seite 16/17 — 3. Identitäts- und Ichbildung

Freuds dreigliedriges Modell der Ichbildung ist durch die grafische Zeichnung gut verständlich und wenig erklärungsbedürftig. Den Schüler/inne/n dürfte es nicht schwer fallen die drei Ebenen des Ich kurz mit eigenen Worten zusammenzufassen.

Eine kreative Umsetzung des Modells könnte darin bestehen, dass die Sätze 1 bis 4 in Aufgabe 3 in Form eines Gesprächs zwischen Ich, Über-Ich und Es ausgeführt und ergänzt werden. Beim ersten Satz des ES „Ich will mir ein Piercing machen lassen." können im Gespräch mit dem Über-Ich und dem Ich Beiträge kommen wie „Ich soll nicht einfach gegen den Willen meiner Eltern handeln." oder „Ich soll Entscheidungen für die Zukunft gründlich abwägen.", „Ich überlege mir, ob ich mir nicht ein eher unauffälliges Piercing machen lasse." oder „Vielleicht versuche ich es erst einmal mit einem ‚falschen' Piercing und schaue, wie es mir damit geht."

Im zweiten Textauszug aus Hermann Hesses „Demian" werden vor allem die Macht des Über-Ich, verkörpert durch das Vaterhaus und das Es, die andere Welt, veranschaulicht und in ihren Auswirkungen ersichtlich.

Seite 17 Nach kurzer Partnerarbeit könnten die Ergebnisse zur Aufgabe 5 in einem **Tafelbild** zusammengefasst werden, etwa nach dem folgenden Muster:

Die verschiedenen Welten des Ich-Erzählers

Vaterhaus		Im eigenen Haus
die Eltern		Dienstmägde und Handwerksburschen
Vater und Mutter		
Grundsätze	**Erscheinungsformen**	**Erscheinungsformen**
Liebe	milder Glanz	Geistergeschichten
Strenge	Klarheit	Skandalgerüchte
Vorbild	Sauberkeit	Schlachthaus und Gefängnis
Schule	sanfte Reden	Betrunkene
gute Sitten	gewaschene Hände	keifende Weiber
Pflicht	reine Kleider	gebärende Kühe
Schuld	schlechtes	gestürzte Pferde
Beichte	Gewissen	Geschichten von Einbrüchen und Totschlägen, Selbstmorden
Verzeihung	gute Vorsätze	
Weisheit	Verehrung	Landstreicher
	Bibelworte	Polizei
Frieden, Ordnung, Ruhe, Pflicht, gutes Gewissen, Verzeihung, Liebe		Das Laute und Grelle, Düstere und Gewaltsame

Diese Zuordnung sollte mit den Schüler/innen ausführlich diskutiert werden; auch, ob sie selbst einer derartigen Zuordnung zustimmen, sollte in die Diskussion mit einfließen.

Abschließend zu dieser Doppelseite sollte die Freudsche Theorie der Ichbildung zumindest kurz im Hinblick auf ihre Methodik kritisch betrachtet werden, wozu das Max-Planck-Zitat Anlass bietet.

Je nach Interesse der Schüler/innen kann das Thema durch die vorgeschlagenen Interviews oder das Radiofeature noch ausführlicher aus Schülerperspektive behandelt werden.

Seite 18–25
4. Sich selbst neu erfinden
5. Gewalt gleich männlich?
6. Über sich selbst hinauswachsen
7. Frauenrollen – Männerrollen?

Diese vier Themen/Doppelseiten lassen sich gut auf Gruppen aufteilen und in Form einer Präsentation durch einzelne Gruppen vorstellen. Dazu müssen die Aufgaben teilweise etwas anders gestellt werden, dazu hier ein Vorschlag:

- *Gruppenarbeit zu verschiedenen Aspekten der Selbst-Werdung*
- *Lest in euren jeweiligen Gruppen die Texte und überlegt, wie ihr der Gesamtgruppe die wichtigen Aussagen eures Themas vermittelt. Die unten aufgeführten Aufgaben können euch dabei helfen.*
- *Notiert eure Ergebnisse auf Folie/einem Plakat.*
- *Stellt zu eurem Thema immer eine Frage oder ein Problem zur Diskussion!*
- *Ihr habt für diesen Arbeitsauftrag 35 Minuten Zeit.*

Hier die Themen, die zur Auswahl stehen; in einer Gruppe sollten nicht mehr als vier Schüler/innen sein.

Seite 18/19 a) **Sich selbst neu erfinden**

1. *Immer mehr junge Menschen sind so unzufrieden mit ihrem Aussehen, dass sie alles dafür tun würden, um sich und anderen besser zu gefallen. Wie denkt ihr darüber? (Diese Frage könnt ihr auch der Gesamtgruppe als Einstieg in euer Thema stellen.)*

2. *Fasst für die Gesamtgruppe zusammen, worum es in dem Bericht „Die handgemachte Frau" geht. Erarbeitet die folgenden Aspekte genauer:*
   - *Welche Gründe für die vielen Schönheitsoperationen von Cindy Jackson werden genannt?*
   - *Welche Vorteile bringt Schönheit?*
   - *Gibt es für euch eine Grenze zwischen medizinisch und ethisch akzeptablen und bedenklichen Eingriffen?*
   - *Überlegt, was Fettsucht und Magersucht mit den Schönheitsidealen unserer Gesellschaft zu tun haben.*

3. *Als Eingangsfrage könnt ihr die anderen nach wichtigen Kindheitserinnerungen fragen.*

4. *Fasst die Grundaussagen des Textes „Manipulation der Erinnerung?" zusammen und überlegt, ob ihr euren eigenen Erinnerungen noch trauen könnt, wenn wir das, was wir erlebt haben, in der Erinnerung „modellieren".*

5. *Eine eigene Frage/ein Problem sollt ihr jetzt noch für die Gesamtgruppe zur Diskussion stellen.*

Seite 20/21   **b) Gewalt gleich männlich?**

1. Überlegt gemeinsam, das könnt ihr auch mit der ganzen Klasse tun, ob es Eigenschaften oder Verhaltensweisen gibt, die typisch für Mädchen oder typisch für Jungen sind. Welche gehören dazu und woher kommen eurer Meinung nach diese Unterschiede?

2. Lest die beiden Texte auf S. 20 bis 21 über Gewalttätigkeit bei Jungen und Mädchen und fasst zusammen, wie in beiden Texten Aggressivität bei Männern und Frauen erklärt und differenziert wird. Diskutiert, ob diese Ansichten mit euren eigenen Erfahrungen übereinstimmen.

3. Fasst kurz zusammen, worum es in dem Text „Medien und Gewalt" auf S. 21 geht und führt aus, welche langfristigen Folgen von Gewaltpräsenz der Kriminologe Prof. Christian Pfeiffer beschreibt. Stellt für alle zur Diskussion, was Jungen brauchen, um gesellschaftlich nicht den Anschluss zu verpassen.

Seite 22/23   **c) Über sich selbst hinauswachsen**

1. Als Einstieg für alle: Was ist ein guter Mensch?

2. Stellt der Gesamtgruppe die Geschichte von Oskar Schindler und der Widerstandsgruppe „Die Weiße Rose" vor.
   - Diskutiert, ob Oskar Schindler eurer Ansicht nach als guter Mensch bezeichnet werden kann.

3. Überlegt, was Menschen wie die Mitglieder der „Weißen Rose" dazu bewegt hat, ihr eigenes Leben aufs Spiel zu setzen. Stellt euch vor, welche Ängste und Befürchtungen sie aushalten mussten und wie sie damit umgegangen sind.

4. Fasst zusammen, was Héctor Zagal, José Galindo und Fernando Savater unter ethisch leben verstehen.

5. Beantwortet die folgenden Fragen zu den beiden Texten von Zagal, Galindo und Savater:
   - Inwiefern hat ethisches Verhalten mit Freiheit zu tun?
   - Weshalb brauchen wir Menschen, an denen wir uns orientieren können?
   - Weshalb ist es wichtig, dass Menschen „Zivilcourage" zeigen?

6. Sammelt und stellt Vorschläge vor, mit denen ihr in eurer Schule zu Zivilcourage aufrufen könnt. Entwerft ein Logo dazu.

Seite 24/25   **d) Frauenrollen – Männerrollen?**

1. Beschreibt, wie Herr und Frau K. sich zu ihrem Leben äußern und welche Einstellungen dabei deutlich werden.

2. Diskutiert die Ansichten von Herrn und Frau K., bewertet sie und nehmt Stellung dazu.

3. Stellt euch vor, ihr könntet euch jeweils mit Herrn K. und mit Frau K. unterhalten. Was würdet ihr ihnen sagen, sie fragen wollen?

4. Diskutiert, weshalb eine Frau, die wie Frau K. lebt, mit ihrer Rolle als Mutter und Hausfrau unzufrieden sein könnte.

5. Peter Singer führt Gründe dafür an, weshalb Frauen in den 1950er-Jahren unglücklich mit ihrem Leben als Hausfrau und Mutter waren. Diskutiert diese Gründe und überlegt, welche Berechtigung ihnen in unserer Gesellschaft auch heute zukommen könnte.

6. Verfasst ein Gespräch zwischen einer amerikanischen Hausfrau, einem australischen Ureinwohner und einer Legehenne.

Erwartungshorizont für die Bearbeitung der Texte auf S. 18 bis 25:

4. Sich selbst neu erfinden: Cindy Jackson hat sich so oft operieren lassen, bis sie ihren eigenen Vorstellungen entsprach. In diesem Sinne hat sie sich selbst geschaffen.
Sie hat sich als Kind als weniger hübsch als ihre Schwester empfunden und auch anders behandelt gefühlt.
Die Barbie-Puppe wurde zu ihrem Schönheitsideal. Sie hat einen sehr hohen Intelligenzquotienten und ist keineswegs nur auf ihr Äußeres bedacht.
Allerdings hält sie Schönheit für eine Macht im Umgang der Menschen miteinander, die sie haben und nutzen will.
Deshalb hat sie sich vielen Schönheitsoperationen unterzogen, um sie selbst zu werden. Andere Veränderungen, die wir an uns vornehmen, sind akzeptiert, wie z. B. Nagellack, Dauerwelle, Haare färben oder etwa plastische Chirurgie bei Unfallopfern. Cindy Jackson hat sich für die vielen Eingriffe selbst entschieden, sie hat sich selbst entworfen.

In der Auseinandersetzung mit dem Text könnte/sollte genannt werden: negatives Selbstbild gegenüber der Schwester, das Empfinden, dass die schöne Schwester besser und warmherziger behandelt wurde; Erfahrung von Schönheit als einer sozialen Macht, da oft nach dem ersten äußeren Eindruck entschieden wird (bei Bewerbungen, bessere Bedienung etc.).
Menschen, die durch ihre Schönheit gleich die Aufmerksamkeit auf sich ziehen, haben zunächst möglicherweise einen Vorteil, da sie positiv wahrgenommen werden, allerdings kann sich dieser Eindruck im Laufe der Zeit verändern. Menschen, die sich nicht auf ihre Schönheit berufen können, müssen vielleicht mehr um Anerkennung und Sympathien kämpfen, sie müssen mehr dafür tun, aber diese sind dann sozusagen „verdient", denn schöne Menschen sind ja nicht unbedingt glücklicher als weniger schöne Menschen.
Cindy Jackson benutzt ihren Körper, denn darauf bezieht sie ja ihre Vorstellung von Schönheit, um sich Macht zu verschaffen. Sie ist ein Instrument, das sie bewusst einsetzt. Mit ihrem hohen Intelligenzquotienten hätte sie sicher auch noch auf andere Art Anerkennung und Wohlstand bekommen können.
Als ethisch-medizinische Grenzen könnten die Schüler/innen beispielsweise sehr individuelle Abneigungen wie „Zunge spalten wie bei Reptilien" nennen, dann aber auch medizinisch fragwürdige Operationen, beispielsweise an jungen Mädchen oder ethisch bedenkliche Überlegungen wie Beinamputationen.
Die Themen Fett- und Magersucht sollten vielleicht an anderer Stelle ausführlicher behandelt werden, da die Schüler/innen dabei oft aus Erfahrungen in ihrem Freundes- oder Bekanntenkreis schöpfen. Über den Zusammenhang Schönheitsideale sollten auch Themenaspekte wie Selbstkontrolle und Leistungserwartungen berührt werden.

5. Gewalt gleich männlich?
Nach einer ersten Annäherung an das Thema, bei dem Verhaltensweisen wie zickig, eitel, organisiert für Mädchen und aggressiv, chaotisch, still für Jungen genannt werden könnten und woraufhin eine Frage nach möglichen Ursachen angebracht ist, kann dann auf die beiden Texte zu Gewalttätigkeit bei Jungen und Mädchen eingegangen werden.
Sicher werden die Schüler/innen dabei auch eigene Erfahrungen einbringen, wichtig erscheint jedoch, dass benannt wird, dass statistisch von einer höheren Gewaltbereitschaft bei Jungen als bei Mädchen ausgegangen wird und dass die Art der Gewaltäußerung bei Mädchen und Jungen tendenziell verschieden sind.
Dieses Ergebnis wird die Schüler/innen kaum verwundern, ebenso wenig wie eine steigende Zahl gewaltbereiter Mädchen, auch wenn diese proportional sehr viel geringer ist als die der Jungen. Deutlich werden sollte jedoch in diesem Zusammenhang, dass die Ursachen von Gewalttätigkeit zum einen auf die erlernten Geschlechterrollen, zum anderen auf neurophysiologische Unterschiede zurückzuführen sind.
Im Text über „Medien und Gewalt" wird von Professor Christian Pfeiffer der Zusammenhang hergestellt zwischen latentem Gewaltinteresse, dem verstärkten Konsum von Computerspielen und Fernsehen – dabei besonders von gewalthaltigen Spielen – und zunehmenden Konzentrations- und Verhaltensstörungen, schlechten Schulleistungen und schlechten Berufschancen. Von dieser Entwicklung sind Jungen sehr viel stärker betroffen als Mädchen.
Als kurzfristige Folgen könnten genannt werden: Verhaltensauffälligkeiten und Konzentrationsmangel, schlechte Schulnoten und fehlender Schulabschluss.

Zu den langfristigen Folgen zählen beispielsweise weniger qualifizierte Arbeitskräfte, Frauen übernehmen immer mehr von diesen Aufgaben, gesellschaftlich zunehmende Gewalt, da junge Männer sich als Verlierer in dieser Gesellschaft sehen, gesellschaftliche Umstrukturierung.

Als Maßnahmen, den Jungen zu helfen, nicht in die Computerabhängigkeit zu geraten, könnten genannt werden: Ganztagsschule, Computer mit eingebauter Schaltuhr, sodass sich der Computer nach einer bestimmten Zeit ausschaltet, Verbot von gewalthaltigen Computerspielen, Medienkompetenz.

6. Über sich selbst hinauswachsen

Zur Eingangsfrage werden unter anderem Begriffe und Verhaltensweisen wie Hilfsbereitschaft, niemandem schaden, gerne etwas für andere tun genannt. Dieser Gedanke kann wieder aufgegriffen werden nach dem Lesen des Textes über Oskar Schindler, dessen Handeln sicher vom Ergebnis her als gut betrachtet werden kann, der jedoch zunächst einmal vorrangig aus egoistischen Motiven gehandelt hat, da er aus dem Krieg Profit machen wollte und dies auch zunächst getan hat. Sein Werdegang zeigt, und zu dieser Erkenntnis können die Schüler/innen selbst kommen, dass ein Mensch nicht notgedrungen zum Mitläufer werden muss, dass grundsätzliche Vorstellungen von Menschsein und wie mit Menschen umzugehen sei auch gegen ein Unrechtsregime behauptet werden können. Oskar Schindler hat Juden zunächst als billige Arbeitskräfte eingestellt, aber dann hat er sie in seiner Fabrik als Menschen geschützt. In diesem Sinne ist er zum Widerstandskämpfer geworden und auch zu einem guten Menschen.

Die Mitglieder der „Weißen Rose" handelten aus Protest gegen ein Unrechtsregime. Ihr Widerstand war deutlicher und geschah von Anfang an aus dem Bewusstsein heraus, dass ein Regime, das systematisch Menschen unterdrückt, kritisiert und angeprangert werden muss. Aus diesem Unrechtsbewusstsein heraus haben diese Menschen gehandelt, sie wollten nicht auf gleicher Ebene mit der Diktatur und ihren Gehilfen stehen.

In der 3. und 4. Aufgabe sollen die Schüler/innen sich auch mit der persönlichen Befindlichkeit der betroffenen Personen auseinandersetzen und überlegen, wie sie mit ihren Ängsten umgegangen sind und dass es Ziele und Werte gibt, denen Menschen ihr eigenes Leben unterordnen.

Bei der Beschäftigung mit Oskar Schindler und der Widerstandsgruppe „Die Weiße Rose" können Filmsequenzen aus den entsprechenden Verfilmungen (*Schindlers Liste* und *Die letzten Tage der Sophie Scholl*) sinnvoll eingesetzt werden, um zum Beispiel den Sinneswandel Oskar Schindlers und die Gesinnung der „Weißen Rose" nachvollziehbar zu machen.

In der 4. Aufgabe vor allem könnte die Wertschätzung für Menschen wie Oskar Schindler und Sophie Scholl zum Ausdruck kommen; dabei könnte deutlich werden, wie sie für andere Menschen zum Vorbild werden können.

Die nächsten beiden Texte greifen die Thematik des Verhaltens Einzelner nach ethischen Grundsätzen und Werten in allgemeinerer Form auf und bewerten es im Kontext ethischer Erwägungen.

Darauf zielen auch die Fragen für die Gruppenarbeit in Aufgabe 5 zum Zusammenhang von ethischem Verhalten und Freiheit (Entscheidungen treffen, Position beziehen, eine Meinung vertreten, auch wenn sie unbequem ist), zu Vorbildern (Nachahmung ethischen Verhaltens) und zur Zivilcourage (selbst denken und handeln, auch mit Risiken verbunden).

In der letzten Aufgabe sollen die Schüler/innen dann für ihre Schule konkrete Maßnahmen und ein Logo zu Zivilcourage entwickeln: Dazu könnten Aktionen wie „Gewaltlose Schule" und „Mobbing" – hier nicht!" gehören.

7. Frauenrollen – Männerrollen?

Die von den Schüler/innen entworfenen Dialoge zum Loriot-Bild enthalten sicher schon einige Anklänge an Rollenvorstellungen, die kurz thematisiert und problematisiert werden können.

Dazu können auch populärwissenschaftliche Bücher wie „Chris Evatt: Männer sind vom Mars, Frauen von der Venus" herangezogen werden, die klischeehafte Männer- und Frauenbilder enthalten, um sie kritisch zu untersuchen. Sollte ein solcher Text eingesetzt werden, könnten die folgenden beiden ausgespart bleiben.

Im Interview von Doris Dörrie mit Frau und Herrn K. wird die Diskrepanz zwischen Lebenswünschen und -vorstellungen und der gelebten Realität als Ehepaar und Eltern deshalb so deutlich, weil gerade Frau K. die gesellschaftlichen Erwartungen an Einstellung und Gefühlen ausspricht, die sie im Ehefrau- und Muttersein gerade nicht gefunden hat. Beim Nachspielen einzelner Szenen wird den Schüler/innen bewusst, wie schwierig es sein kann, die persönlichen Vorstellungen mit den realen Verhältnissen in Einklang zu bringen.

Im Text von Peter Singer wird diese Unzufriedenheit mit der eigenen Rolle noch einmal aufgegriffen und zur Diskussion gestellt, indem sich die Sinnfrage nicht mit der Befriedigung materieller Bedürfnisse beantworten lässt. Da die Schüler/innen meist verschiedene Lebenskonzepte kennen, entzündet sich an diesem Text meist eine lebhafte Diskussion und Erörterung verschiedener Lebensentwürfe.

Seite 26/27   **8. Vom Gleichsein und der Veränderung**

Statt der Eingangsfrage kann auch das Gedicht von Peter Handke als Einstieg in die Thematik dieser Doppelseite eingesetzt werden, da in ihm Fragen formuliert werden, die Kinder sich teilweise stellen, beziehungsweise den Schüler/inne/n helfen, sich an ihre Fragen als Kinder zu erinnern. Bewusst wird den Schüler/inne/n, dass Kinder alles infrage stellen, da ihnen alles neu und/oder fremd ist, dass sie den Ablauf der Zeit noch nicht verstehen und auch keine Vorstellung von Veränderung haben. Die Antworten, die die Schüler/innen auf einzelne Fragen geben können, werden ihrem Alter und Wissensstand gemäß ausfallen.

Franco Biondis Gedicht thematisiert die Zweisprachigkeit als Ausdruck einer doppelten, geteilten Identität durch die Zugehörigkeit zu zwei Kulturen. Interessant ist die Auseinandersetzung mit den von Biondi geäußerten Gefühlen und Erfahrungen sicher in einer Lerngruppe mit Schüler/inne/n mit verschiedenen kulturellen, nationalen, sprachlichen Hintergründen, die nicht notwendigerweise Biondis Position teilen, sondern häufig eine sehr klare Trennung für sich selbst vornehmen.

Zu thematisieren wäre mit den Schüler/innen noch, was mit den Fragen der Kindheit geschah, und welche Fragen sie heute bewegen, um die Veränderung im Gleichsein deutlich werden zu lassen.

Die Auseinandersetzung mit dem Thema Klonen aus der Perspektive der Ichwerdung thematisiert den Anspruch des Einzelnen auf Einzigartigkeit am Beispiel des Jugendromans und Films „Blueprint". Auch hier können einzelne Sequenzen des Films der Anschaulichkeit dienen.

Vorschläge für Klassenarbeiten

1. *Stell dir vor, du siehst ein tolles Kleidungsstück in einem Laden. Du willst es unbedingt haben, hast aber kein Geld, um es zu kaufen. Dein/e Freund/in sagt dir, du sollst es einfach so einstecken.*
Führe nun ein Gespräch zwischen dem Ich, dem Es und dem Über-Ich, in dem die verschiedenen Interessen der Ich-Anteile deutlich werden.

2. *Stell dir vor, wie ein Mensch in unserer Gesellschaft in 30 oder 40 Jahren aufwachsen wird. Was wird gleich sein wie in der Gegenwart, was wird deiner Meinung nach anders sein?*

3. *Fasst die Grundgedanken des folgenden Textes zusammen und erörtert die darin enthaltenen Behauptungen.*

Frauen und Männer leben in unterschiedlichen Welten, haben andere Wertvorstellungen und gehorchen anderen Gesetzmäßigkeiten [...] Frauen und Männer haben sich unterschiedlich entwickelt, weil sie sonst nicht überlebt hätten. Männer gingen auf die Jagd, Frauen sammelten. Männer beschützten, Frauen ernährten. Die Folge war, dass sich ihre Körper und Gehirne vollkommen anders entwickelt
5 haben.
(Allan und Barbara Pease, Warum Männer nicht zuhören und Frauen schlecht einparken © 2000 Ullstein Buchverlage GmbH, Berlin, S. 11 ff.)

Allein, zu zweit, zu mehreren

Allgemeine Erläuterungen zur Unterrichtseinheit

Da in diesem Kapitel sehr häufig auf die Erfahrungen, Interessen, Lebensräume und -vorstellungen der Schüler/innen Bezug genommen wird, werden hier auch bevorzugt Arbeitsformen vorgeschlagen, bei denen die Schüler/innen sich in Gruppen austauschen und Texte sowie Aufgaben bearbeiten und sich dazu positionieren. Inhaltlich werden die verschiedenen Bereiche in Teilaspekten erfassbar gemacht, darüber hinaus jedoch auch in ihrem Veränderungsprozess und den damit einhergehenden Problemen thematisiert. Außerdem werden Aufgaben zur Ergebnissicherung und -festigung angeführt, die eigenverantwortliches Arbeiten fördern und fordern sowie Gelerntes als lebendiges Wissen abrufbar machen.

Leitfaden für mögliche Unterrichtssequenzen

Seite 30/31 ### Auftakt

Die verschiedenen Bilder auf dieser Doppelseite bieten erste Deutungs- und Gesprächsanlässe zum Thema des Kapitels mit dem Schwerpunkt auf Familie und Gemeinschaft. Themen, die im Rahmen der Bildassoziation genannt werden können, sind *Zusammenarbeit, Familie früher und heute, sich helfen, wie der Vater, so der Sohn, Einsamkeit, Alleinsein* usw. Fragen der Schüler/innen zum Thema des Kapitels „Allein, zu zweit, zu mehreren" können reine Wissensfragen sein: Wie viele Eheschließungen gibt es in Deutschland, durchschnittliche Kinderzahl, Scheidungen etc., wie die Institution Ehe entstanden ist, was sich im Lauf der Jahrhunderte verändert hat, wie Familien heute leben (in Deutschland oder anderen Ländern) usw. Auf diese Weise wird ein erster Zugang zum Thema dieses Kapitels geschaffen. Fragen, die von Schülerseite gestellt und nicht explizit in diesem Kapitel behandelt werden, können durchaus als Ausgangspunkt eines Projektvorschlags genutzt werden.

Seite 32/33 ### 1. Lebensform Familie

Ausgehend von den Gefühlen und Erfahrungen der Schüler/innen im Hinblick auf Familie und was sie ihnen bedeutet, werden in diesem Zusammenhang sicher Begriffe wie Schutz, Vertrauen, Hilfe, Sicherheit, Unterstützung, Gespräche, Spaß haben, sich gut kennen genannt; aber ebenso Stress, Ärger, Streit, Auseinandersetzungen, Regeln, Verbote u. Ä. Neben dem persönlichen Rahmen wird in der nächsten Aufgabe der Zusammenhang zwischen Staat und Familie thematisiert, der anhand der Rechercheaufgabe 3 detaillierter behandelt werden kann.
Im Text „Familie = Familie?" werden verschiedene Familienformen benannt und beschrieben sowie einige demoskopische Entwicklungen und Veränderungen, die unser gesellschaftliches Leben mitprägen.
Bei der nächsten Aufgabe haben die Schüler/innen Gelegenheit Vorschläge, zu einer Familienförderung zu entwickeln und in Form einer Rede vorzustellen. Möglicherweise hilft den Schüler/inne/n der Hinweis, dass sie sich eine familienfreundliche zukünftige Gesellschaft vorstellen sollen, und was zu deren Realisierung nötig wäre, was sich nicht in finanziellen Zuschüssen erschöpfen sollte (z. B. Kindergartenplätze für alle Kinder, kinderfreundlich gebaute Häuser).
Im Text „Sozialform Familie" und in Aufgabe 7 wird das Thema Rollenerwartungen innerhalb der Familie aufgegriffen, das schon teilweise im vorherigen Kapitel angesprochen wurde. Hier geht es jedoch deutlicher um die Rolle der Eltern, wie sie sich selbst sehen und um eine Gefahr der Selbstbegrenzung durch die ans Vater- oder Mutter-Sein gebundenen Vorstellungen und Erwartungen. Einerseits wird in diesem

Kontext bewusst miteinbezogen, dass die Eltern eben mehr als diese Rollen sind, zum anderen wird den Schüler/inne/n damit eine Möglichkeit gegeben, allgemein Rollenerwartungen an Eltern zu überdenken. In der Aufgabe 7 sollen die Schüler/innen Ratschläge für Eltern formulieren, die diese Eingrenzung des elterlichen Rollenbildes verhindern helfen sollen. Erfahrungsgemäß beteiligen sich die Schüler/innen sehr aktiv bei dieser Aufgabe, häufig genannte Ratschläge sind: „Vergesst nie, dass ihr auch einmal Jugendliche wart!" oder „Vertraut euren Kindern!" Der Cartoon auf dieser Seite unterstreicht das makellose „Elternbild", obwohl den Eltern bewusst ist, dass auch sie Schwächen haben.

Seite 34–37 2. Familien im Vergleich

Die folgenden beiden Doppelseiten sind angelegt als ein Vergleich von Familien in verschiedenen Ländern, unter welchen Bedingungen sie leben, was ihnen wichtig ist und welche Probleme sie zu bewältigen haben. Die Auswahl, eine Familie aus China, Brasilien und Frankreich zu untersuchen, soll die Verschiedenartigkeit und Vielseitigkeit dessen, was Familie bedeutet, veranschaulichen. Der Erarbeitung der Familienverhältnisse in Deutschland, obwohl auf Informationen auf der vorherigen Doppelseite zurückgegriffen werden kann, sollte noch etwas Zeit zur Recherche eingeräumt werden (Material dazu ist reichhaltig vorhanden, beispielsweise beim Statistischen Bundesamt). Für diesen Vergleich bietet sich die Methode des Gruppenpuzzles an, die von den Schüler/inne/n erstellten Plakate sollten hinterher im Plenum vorgestellt, besprochen und bewertet werden, da in dieser Arbeitsform die Leistung der einzelnen Schüler/innen gut erkennbar ist. Deutlich werden sollte bei der Beschäftigung mit den verschiedenen Familien, dass sie als Solidargemeinschaft einen wichtigen Stellenwert in jeder Gesellschaft haben und dass Verantwortung füreinander in manchen Ländern essenziell ist. Abschließend könnte noch zur Diskussion gestellt werden, in welchem Land die Schüler/innen zu leben sich (nicht) vorstellen könnten und weshalb.

Seite 38/39 3. Für immer Freunde?

Freundschaft ist zentral für die Schüler/innen dieser Jahrgangsstufen. Neben ihren Familien stellen sie oft die wichtigsten Beziehungen in ihrem Leben dar, deshalb wird bei der Behandlung dieses Themas weniger darauf eingegangen, wie Freunde und Freundinnen ihre Zeit miteinander verbringen – dies kann leicht im Unterricht spontan ausgetauscht werden – sondern mehr auf Freundschaft mit ihren emotionalen und kommunikativen Aspekten sowie möglichen Gefahren, die sich für Jugendliche daraus ergeben.

Zu Aufgabe 3:
- Gelungene Freundschaft beinhaltet nach Titzmann Vertrauen, gemeinsame Aktivitäten und Offenheit, füreinander dazusein und Bereitschaft zur Konfliktlösung.
- Positive Aspekte von Freundschaft sind in diesem Sinne die Erfahrung von Nähe, Vertrauen, Rückhalt, emotionale Stabilität; negative Aspekte sind die Verführung zu Alkohol, Drogen, Zigaretten durch Freunde sowie zu viel Nähe.

Freundschaften zwischen Jungen und Mädchen sind heutzutage oft selbstverständlich. Die Frage kann gleichwohl im Hinblick auf sexuelle Anziehung zwischen den Geschlechtern diskutiert werden, Filme zu diesem Thema gibt es einige (z. B. „Harry und Sally").
Mit dem Textauszug aus der Nikomachischen Ethik wird Freundschaft als Tugend und grundlegendes menschliches Bedürfnis thematisiert und damit in einen deutlich philosophischeren Kontext gestellt. Freundschaft als Hilfe, als Unterstützung bei Schwäche wie auch als gegenseitige Unterstützung zum tugendhaften Leben können in diesem Zusammenhang genannt werden. Die Bewertung, wie sie in Aufgabe 6 vorgesehen ist, führt die Schüler/innen in die Reflexion ihrer eigenen Bewertung von Freundschaft zurück. Außer der möglichen Befragung von Mitschüler/inne/n, Bekannten, Familie etc. wäre auch ein umfassenderes Projekt zum Thema Freundschaft denkbar, das Filme zu „Freundschaft" miteinbezieht. Es gibt eine Vielzahl von Filmen, die in diesem Zusammenhang genauer analysiert werden könnten, von „Ice Age" über „Der Schuh des Manitu" zu „Top Gun" zu „Ein Freund von mir". Bei manchen Filmen reicht schon der Film-Trailer (so etwa bei „Ein Freund von mir"), um aus Momentaufnahmen die Bedeutung von Freundschaft zu erkennen, weitere Szenen und Gespräche zu erfinden und selbst zu spielen.

| Seite 40/41 | ## 4. Einzel-Schicksal?

Zum Einstieg werden die Schüler zunächst nach eigenen Erfahrungen mit dem Alleinsein gefragt, auch um eine vorschnelle Gleichsetzung von Alleinsein und Einsamkeit zu vermeiden.
Zunächst wird die gesellschaftlich zu vermerkende Tendenz zum Alleinleben thematisiert. Mögliche Gründe dafür können auch im Gespräch mit der Schülergruppe unter Einbeziehung des Textes „Single, ein unbekanntes Wesen" genannt und diskutiert werden, so etwa die durch Computer und Internet entstehende räumliche und körperliche Distanz zwischen Menschen, hohe Erwartungen an die/den „Richtige/n", Wunsch nach Unabhängigkeit und Freiheit u. Ä. Mit dem Sartre-Text wird eine andere Dimension des Alleinseins angesprochen, in der vor allem das Stehen außerhalb der menschlichen Gemeinschaft erfahrbar wird. Möglich wäre hier eine vertiefende Beschäftigung mit dem Existenzialismus.

| Seite 42/43 | ## 5. All we need is love?

Die folgenden sieben Doppelseiten präsentieren das Thema Liebe und Sexualität anhand von prosaischen, literarischen, poetischen, wissenschaftlichen und philosophischen Texten sowie einer Reihe von Bildern. Je nach Schülergruppe und Bedürfnis können einzelne Teile gekürzt oder ausführlicher behandelt werden. Das Thema ist gewiss für die Schüler/innen wichtig, allerdings scheuen sich viele davor, über ihre Gefühle allzu offen im Unterricht zu reden. Deshalb bietet das Unterrichtsmaterial viele verschiedene Ebenen der Beschäftigung mit diesem Thema. Die beiden Bilder als Einstieg sind bewusst kitschig gewählt, da das Thema Liebe bei vielen Menschen mit romantischen und überzogenen Vorstellungen besetzt ist. Gleichwohl bieten beide Bilder schon eine erste Möglichkeit, verschiedene Vorstellungen von Liebe (Liebe = Ehe, Liebe = Nähe, Liebe = Eins-Sein im Zwei-Sein, Liebe = zu zweit zusammen) bewusst zu machen. Im Lelord-Textauszug wird eine grundsätzliche Problematik der Liebe (nämlich, wohin die Liebe fällt) angesprochen und ausgeführt. Im Bauer-Text geht es um die neurobiologischen und psychologischen Vorgänge beim „Flirten" und „Lieben". Damit wird das Vorstellungspotenzial von Liebe als Gefühl bei den Schüler/inne/n gewiss noch nicht ausgeschöpft sein. Beabsichtigt ist hier eine zunächst kognitive Auseinandersetzung mit verschiedenen Aspekten von Liebe.

| Seite 44/45 | ## 6. Von Liebe, Schmerz, Moral

Thematisiert werden auf dieser Seite zunächst verschiedene Ausdrucksformen der Liebe (Tanzbewegung, Liebeserklärung, Gedichte), in den verbalisierten Formen werden verschiedene Formen der Liebe deutlich (Ich-Bezug, Gebraucht-Werden, Eingeschlossen-Sein, Besitzen, Lebensgeist, das Besondere, das alles ver-rückt). In diesem Zusammenhang bietet es sich an, die Schüler/innen auch selbst Gedichte und vor allem Liedtexte (und natürlich die Lieder) mitbringen und vorstellen zu lassen. Dabei sollen sie ausführen, welche Art von Liebeskontext (Verliebtheit, Lieben, betrogen werden, verlassen und verlassen werden, um vergangene Liebe trauern) thematisiert wird, weshalb die Schüler/innen dieses Lied ausgewählt haben und was ihnen daran besonders gefällt. Sind somit schon verschiedene „Liebesphasen" angesprochen worden, so geht es im Weiteren explizit um die moralische Bewertung von Verhaltensweisen in Liebesbeziehungen (Treue, Affäre). Dies sollen die Schüler/innen zunächst an einem vorgegebenen Beispiel selbst beurteilen und begründen. Im Text von Rainer Erlinger wird eine ähnliche Situation dargestellt und bewertet.

Die **Aufgaben 5 und 6** wären etwa in folgender Form lösbar:
- Ehrlichkeit und Vertrauen bilden die Basis einer guten Partnerschaft.
- Wenn man in einer Beziehung eine Affäre verschweigt, ist man entweder nicht ehrlich oder vertritt eine sehr eigenwillige Definition von Lügen.
- Wenn es in einer Beziehung zu einem Seitensprung kommt, sollte dies Anlass sein, über die Gründe zu reden und herauszufinden, woran es möglicherweise in der Partnerschaft mangelt.
Zusätzlich oder ersatzweise können natürlich andere problematische Fragen in Sachen Partnerschaft, besonders auch auf Wunsch der Schüler/innen, diskutiert und bewertet werden.

Seite 46/47

7. Lieben und verstehen

Mit dieser Doppelseite wird das Thema Kommunikation als ein wesentlicher Bestandteil von Beziehungen und ihrem Gelingen thematisiert (und später auf S. 60/61 erneut aufgegriffen).
Gewiss ist den Schüler/innen bekannt, dass Kommunikation, Gespräche in einer Beziehung wichtig sind. Allerdings dürften ihnen die Strukturen und Strategien verschiedener Kommunikationsweisen weniger bewusst sein.
Der Dialog aus „Lola rennt" kann als Beispiel für nicht offene Kommunikation betrachtet werden. Lola und Manni sprechen nicht aus, worum es für sie geht (Lola ist sich ihrer Gefühle für Manni nicht sicher, sie weiß nicht, ob sie wirklich noch mit ihm zusammen sein möchte. Manni lebt sein Leben und Lola gehört unhinterfragt für ihn dazu). Am Beispiel einzelner Sätze kann das Gegeneinander- oder Zusammenwirken der verschiedenen Kommunikationsebenen gezeigt und analysiert werden. Bevor die Schüler/innen einen Satz in Kleingruppen untersuchen, bietet sich an, einen Satz beispielhaft in der Gesamtgruppe als Mindmap an der Tafel zu bearbeiten.

> **Aber ich könnte auch irgendeine andere sein.**
> *Sachseite:* Ich bin nichts Besonderes für dich.
> *Beziehungsebene:* In unserer Beziehung stimmt was nicht, unser Verhältnis ist unausgewogen.
> *Selbstoffenbarungsebene:* Ich weiß nicht, ob ich noch mit dir zusammen sein will.
> *Appellebene:* Tu oder sag etwas, damit ich mich besser entscheiden kann.

Seite 47

Ähnlich soll die Aufgabe 3 von den Schüler/innen in Kleingruppen untersucht werden; die Ergebnisse hinterher zu vergleichen, kann diskussionsanregende Unterschiede deutlich machen. Bei Aufgabe 4 können die Schüler/innen explizit formulieren, was ihren Erfahrungen und der Kommunikationsstruktur zufolge gelingende Kommunikation ausmacht: Hierzu gehören die Fähigkeit zuzuhören und die Offenheit für das, was andere Menschen sagen; offen zu äußern was uns selbst wichtig ist, und nicht in scheinbaren Feststellungen zu verstecken, die Rückversicherung des gegenseitigen Verstehens und das kritische Hinterfragen des eigenen Verstehens (mit welchem „Ohr" höre ich besonders, welche Ebene spricht mein Gegenüber besonders an?).

Seite 48/49

8. Ausdrucksformen der Liebe: Intimität, Sex, Zärtlichkeit

Auf dieser Doppelseite werden im Zusammenhang mit dem Thema Liebe vorrangig verschiedene Bedürfnisse junger Menschen sowie daraus sich ergebende Schwierigkeiten und Unterschiede in Liebesbeziehungen (vorhanden oder erwünscht) thematisiert.
Der Bildeinstieg gibt Anlass, über körperliche Ausdrucksweisen von Liebe und Zärtlichkeit zu sprechen, da die Rodin-Skulptur sehr innige, leidenschaftliche, zärtliche Gefühle zum Ausdruck bringt. Deutlich wird an diesem Kunstwerk außerdem ein harmonisches Verhältnis zwischen Mann und Frau, was im Gegensatz zum daraufffolgenden Textteil steht. Schüler der Jahrgangsstufe 9 sind gemeinhin vertraut mit den entsprechenden Frageseiten einer bekannten deutschen Jugendzeitschrift, in der Fragen zu Beziehungsschwierigkeiten und zur Sexualität beantwortet werden. An dieses Format sind die drei (frei erfundenen) Leserbriefe angelehnt. In diesen Briefen werden für Jugendliche relevante Fragen angesprochen, die auf diese Weise im Unterricht diskutiert und reflektiert werden können, ohne dass die Schüler/innen persönlich werden müssen. In diesen drei Briefen geht es um unterschiedliche sexuelle Bedürfnisse und wie damit umzugehen ist, um Beziehungsarbeit, wenn Beziehung Alltag wird sowie Eifersucht und Seitensprung. Indem die Schüler/innen auf diese Briefe antworten, müssen sie sich mit den dahinterstehenden Bedürfnissen auseinandersetzen und ihre Bedeutung ansprechen. Im nächsten Aufgabenteil wird zum einen der übliche Rahmen für diese Leserbriefe angesprochen, da Jugendliche offensichtlich weder mit Eltern noch mit Freund/inn/en über ihre Probleme reden können oder aber keinen brauchbaren Rat bekommen, zum anderen wird ein Unterschied zwischen körperlicher und seelischer Nähe angesprochen, der in den Briefen weitgehend ausgespart bleibt.
In den beiden folgenden Kontaktanzeigen zweier junger Menschen wird das Bedürfnis nach Partnerschaft sehr individuell abgehandelt. Die jungen Menschen beschreiben sich selbst, ihre Stärken und

Schwächen und führen aus, welche Art von Mann/Frau sie sich wünschen. Diese Kontaktanzeigen sollen in Gruppen nach Mädchen und Jungen getrennt kommentiert und bewertet werden, da Grundhaltungen und -erwartungen sichtbar werden, die möglicherweise von den Schüler/inne/n auch als geschlechtsspezifisch gesehen werden und als problemträchtig (Verfügbarkeit des Partners, verwöhnt werden wollen etc.) betrachtet und diskutiert werden können. Im Zusammenhang damit kann die Zunahme an Chatrooms gerade auch im Hinblick auf Kontaktaufnahme zwischen Mann und Frau problematisiert werden, da sich im Internet über eigene Schwächen leicht hinwegsehen lässt, andererseits jedoch der erste äußere Eindruck vielleicht weniger Gewicht hat.

Seite 50–53

9. Nah, näher, und dann?
10. Sex macht cool?

Da auch auf diesen Doppelseiten körperliche Nähe Thema ist, der erste sexuelle Kontakt und dies nicht notwendigerweise in der Gesamtgruppe abgehandelt werden muss, wäre hier eine Art Gruppenpuzzle möglich, bei dem jeweils in Partnerarbeit einer der Texte mit entsprechenden Fragen behandelt wird. Die Schüler/innen tauschen sich in gemischten Gruppen aus und verfassen dann gemeinsam einen Kommentar. In dieser Gruppenkonstellation könnten die Schüler/innen dann noch jeweils fünf Fragen für die andere Stammgruppe formulieren, zu denen sie selbst die Antwort kennen sollten.
Fragen zu den verschiedenen Texten:

Seite 50 **Teenager von heute …**

1. *Fasst mit eigenen Worten zusammen, wie Teenager im Text von Martin Knobbe und Isadora Tast in ihrer Einstellung zur Sexualität beschrieben werden.*
(Jugendliche wollen erwachsen wirken, überall wird ihnen suggeriert, dass Sex zum Erwachsensein dazugehört; immer mehr Jugendliche haben früher zum ersten Mal Geschlechtsverkehr).

2. *Nehmt Stellung zu den Aussagen des Textes.*

3. *Diskutiert, inwieweit sich Jugendliche von ihren Freunden und ihrer Clique in ihrer Einstellung zur Sexualität und in ihrem Umgang damit beeinflussen lassen.*

Seite 50 **Ab- und aufgeklärt?**

1. *Fasst mit eigenen Worten zusammen, wie Nadine in diesem Text beschrieben wird.*
(Sex ist nichts Besonderes mehr. Es wird in den Medien und auch sonst ständig vorgeführt. Nadine versinnbildlicht die im vorigen Text beschriebene Gleichsetzung bei Jugendlichen zwischen Sex und Erwachsensein. Sie verhält sich abgeklärt und cool, aber sie wirkt gerade in dieser Abgeklärtheit noch sehr jung und unreif).

2. *Nehmt Stellung zu diesem Bild eines Teenagers; haltet ihr Nadine für einen typischen Teenager?*

3. *Diskutiert den Einfluss von Medien und Werbung auf das Verhalten von Jugendlichen gerade im Hinblick auf Sexualität.*

Seite 51 **Der Traum von der heilen Familie?**

1. *Fasst mit eigenen Worten zusammen, wie Jugendliche am Beispiel von Peggy und Daniel in diesem Text beschrieben werden.*
(Peggy und Daniel haben klare Vorstellungen von ihrem Leben als Paar, allerdings wirken sie schon ein wenig routiniert und vielleicht altbacken für ein noch so junges Paar.)

2. *Diskutiert dieses Bild von jugendlichen Paaren.*

3. *Tauscht euch über eure eigenen Zukunftsvorstellungen in Bezug auf Partnerschaft und Familie aus.*

Seite 51   **Wie wichtig ist die erste Nacht?**

1. *Fasst mit eigenen Worten zusammen, welche Bedeutung die Paartherapeutin Wolf dem ersten Mal mit einer neuen Partnerin/einem neuen Partner zuschreibt.*
   (Neben der Gleichsetzung von Sex und Erwachsensein wird hier der Zusammenhang zwischen Liebe und Sex, der eben nicht immer gegeben ist, angesprochen und auch der Druck, den Menschen im Ausleben ihrer Sexualität auf sich selbst ausüben und dass dies zu enttäuschenden Erfahrungen führen kann, die sich langfristig auf unser Selbstbild auswirken können.)

2. *Nehmt Stellung zu den Ausführungen der Paartherapeutin.*

3. *Diskutiert, wie junge Menschen mit den Erfahrungen des ersten Mals umgehen sollten.*

Seite 52   **Verführung, Täuschung und mögliche Folgen**

1. *Fasst mit eigenen Worten die zentralen Aussagen des Textauszugs von Martin Knobbe und Isadora Tast zusammen.*
   (Präsenz von Sexualität in Werbung, Zeitschriften, Liedtexten prägen das Bild von männlicher und weiblicher Sexualität; frauendiskriminierende Videos und Liedtexte beeinflussen auch die Umgangsweise zwischen Mädchen und Jungen. Techniken des Sexualverkehrs aus pornografischem Material ersetzen echte Freude und reale Erfahrung mit angelesener Reife.)

2. *Vergleicht die Kernaussagen des Textes mit den drei Zitaten auf S. 52 und bezieht Stellung.*

3. *Diskutiert die möglichen Vor- und Nachteile eines freizügigen Umgangs mit Sexualität.*

Hier wird vorgeschlagen, dass die folgenden Texte und Aufgaben getrennt erarbeitet werden, da es sich nicht mehr allgemein um den Einfluss von sexuell anregenden oder pornografischen Bildern auf das Sexualverhalten von Jugendlichen handelt, sondern um den zunehmenden Konsum von Hardcore-Pornos von vor allem männlichen Jugendlichen und deren Einfluss auf Erwartungen an das weibliche Geschlecht. Als Problematik lässt sich gewiss ermitteln, dass bei Jugendlichen die Differenz zwischen Fiktion und Realität verschwimmt, da unser Verhalten nicht nur durch selbst Erlebtes, sondern auch durch Gesehenes geprägt wird. Die entwürdigende Darstellung von Frauen und letztlich auch von Männern in ihrer Reduktion auf ihren Sexualtrieb, dürfte vor allem für die Schüler/innen der Jahrgangsstufe 10 im Rahmen ihrer Erkenntnis- und Reflexionsmöglichkeiten liegen. In der Folge kann dann der Würdebegriff im Zusammenhang mit pornografischen Darstellungen thematisiert werden, wobei die Schüler/innen sicher teilweise auf die Freiwilligkeit bei den Dreharbeiten verweisen werden. Dazu müsste dann tatsächlich methodisch etwas tiefgreifender mit diesem Thema umgegangen werden, da eine Würdeverletzung nicht erst dann vorliegt, wenn sie dem Einzelnen bewusst ist.
Mit den Aufgaben 7 und 8 kann zum einen die Instrumentalisierung der menschlichen Sexualität, ihre Reduzierung als Mittel zum Zweck und andererseits ihre Bedeutung im Kontext von Liebe noch einmal in freier Diskussion angesprochen werden.

Seite 54/55   **11. Paar oder Partner?**

In diesem Stundenentwurf tritt Beziehung als Lebensmuster in den Blick und soll von den Schüler/inne/n nicht nur von der „Schokoladenseite" gesehen werden. Die Textauszüge von Doris Dörrie sind sehr kontrastiv und werden auch von den Schüler/inne/n so wahrgenommen. Mit dem ersten Textauszug können sich wahrscheinlich viele Schüler/innen identifizieren, da die Ausführungen des Ehepaars sicher in vielerlei Hinsicht ihrem eigenen Lebensgefühl entsprechen. Ganz anders hingegen der zweite Textauszug, der den gelebten Alltag des jungen Ehepaares vorführt und auch Rollenerwartungen thematisiert. Zu diesem Textauszug sollen kurze Rollenspiele vorbereitet und gespielt werden, die, das muss im Arbeitsauftrag deutlich werden, selbsterklärend sind. Nach den Gruppenpräsentationen, die jeweils kurz gewürdigt und bewertet werden sollten, kann dann das Schweizer-Zitat zum Anlass für die Reflexion von Beziehungsformen auch im Hinblick auf die eigenen Vorstellungen geben. Die Sammlung verschiedener Lebensformen (Mehrgenerationenhaus, Wohngemeinschaft, Single-Dasein, Kollektiv, nach

Geschlechtern getrennt o. Ä.) kann noch einmal dazu dienen, sich der Vor- und Nachteile der jeweiligen Beziehungsformen bewusst zu werden.

Seite 56/57	**12. Wenn Lebensentwürfe in die Brüche gehen**
Seite 60/61	**14. Wenn Beziehungen gelingen sollen**

Diese beiden Doppelseiten erlauben eine lösungsorientierte Behandlung des Themas: misslungene und gelingende Beziehungen. Es kann davon ausgegangen werden, dass beide zum Erfahrungshorizont der Schüler/innen gehören, sei es als Betroffene/r oder aber aus dem Freundes- oder Verwandtenkreis bekannt. In diesem Zusammenhang wird es als wichtig erachtet, dass die Schüler/innen sich mit dem Thema Trennung und Scheidung im Hinblick auf die zunehmende Scheidungsrate (Perspektive des Paares, Gründe und Lösungsmöglichkeiten für die Trennung, Folgen für die Kinder und Möglichkeiten des Umgangs mit getrennt lebenden Eltern) befassen, die mittlerweile als gesellschaftliche Realität zu behandeln ist und gleichzeitig auch Zeichen für einen Wandel der Beziehungen zwischen Mann und Frau betrachtet werden kann. Die Beschäftigung mit der Frage nach dem „Rüstzeug" für gelingende Beziehungen soll darauf verweisen, dass eine Beziehung zu erhalten eine beständige Anstrengung von beiden Partnern erfordert.

Im Rahmen einer größeren Gruppenarbeit könnten die Schüler/innen sich zunächst einmal anhand der Texte und Statistiken, aber auch durch weiteres Material kundig machen. Dann sollten sie selbst den Fall einer gefährdeten Beziehung konstruieren (und sich u. U. Anregungen aus dem Internet oder anderen Quellen holen), den sie dann später auch der Gruppe vorstellen und vorspielen sollten. Dazu sollte dann jedoch eine Art Intervention entwickelt werden mit Vorschlägen zur Stabilisierung der Beziehung, durch neue Rollenspiele und Vorschläge. Hinterher sollten alle gemeinsam in einer Reflexionsarbeit das Thema, die Behandlung desselben, ihren eigenen Beitrag diskutieren und bewerten und auch im Hinblick auf reale Umsetzungsmöglichkeiten untersuchen. Im Folgenden wird ein Vorschlag für den Gruppenarbeitsauftrag für eine Doppelstunde ausformuliert.

Gruppenarbeit (4–5 S.) zu Beziehungen: „Was tun, damit sie gelingen?"

1. *Informiert euch auf den Doppelseiten 56/57 und 60/61 zum Thema Scheidung und ihre Folgen sowie darüber, wodurch Beziehungen gelingen können. Ihr könnt im Internet noch weiteres Material hinzuziehen.*

2. *Überlegt euch nun konkret den Fall einer gefährdeten Beziehung (Paar in eurem Alter, Ehepaar, Ehepaar mit kleinen oder älteren Kindern). Notiert diesen Fall so, dass ihr ihn hinterher der Gesamtgruppe vorstellen könnt und wählt mindestens eine Szene zum Vorspielen.*

3. *Überlegt euch dann gemeinsam Hilfsangebote für dieses gefährdete Paar und setzt mindestens eine Veränderung in einer Szene um.*

Ihr habt für diesen Arbeitsauftrag insgesamt 40 Minuten Zeit.

Die verschiedenen Fälle und Hilfsangebote werden vorgestellt und von allen bewertet und diskutiert. Als Abschlussaufgabe könnte Aufgabe 5 noch zur Ergebnissicherung dienen.

Seite 58/59	**13. Für oder gegen die Ehe?**

Auf dieser Doppelseite wird ganz auf idealisierende und romantisierende Vorstellungen von Hochzeit und Ehe verzichtet, diese können natürlich im Unterricht explizit thematisiert werden, da sie sicher aus den Wünschen und Vorstellungen der Schüler/innen abrufbar sind. Möglich wäre dies in Kürze, indem die Schüler/innen ohne Bildmaterial beschreiben sollen, wie sie sich, falls sie zu heiraten beabsichtigen, ihren Hochzeitstag vorstellen. In diesem Zusammenhang könnten auch Gründe fürs Heiraten mit benannt werden, zu denen Liebe, Zusammengehörigkeit, Familienplanung gehören. Nach diesem Einstieg wäre eine Erweiterung des eigenen Erwartungshorizonts denkbar, indem auf Hochzeitspraktiken in der Vergangenheit eingegangen wird und/oder auf Eheschließungen und Hochzeit in verschiedenen Ländern, Kulturen und Religionen. Schüler/innen verschiedener Herkunftsländer können dazu sicher einiges beitragen, im Internet gibt es unter den Suchworten „Geschichte der Ehe", „Heirat" ebenfalls einiges an Material, allerdings mehr für den westdeutschen Raum. Jedenfalls sollte in diesem Zusammenhang deutlich werden, dass die Vorstellungen von Kleinfamilie und Heirat, die den meisten Schüler/innen bekannt sein dürften, dem bürgerlichen Ideal der Liebesehe entspringt und somit nicht unberührt von gesellschaftlichen Veränderungen sind. Ergänzend zu den Vorstellungen und Darlegungen der Schüler/innen können dann die Äußerungen von Anne Gidion (Pastorin), Anne Klein (Scheidungsanwältin) und Edouard Marry (Ehetherapeut) in dem auszugsweise abgedruckten ZEIT-Interview das Perspektiven- und Meinungsspektrum der Schüler/innen erweitern und die Auseinandersetzung mit der gesellschaftlichen und individuellen Bedeutung der Ehe in der Gegenwart bereichern.

Kontrastiv zum idealisierten Bild von Ehe und Heirat können Zwangsverheiratungen behandelt werden, da sie auch immer wieder in unserem Kulturkreis thematisiert werden. In diesem Zusammenhang wäre eine Diskussion mit den Schüler/innen angebracht, bei der sie sich positionieren müssen im Hinblick auf die Akzeptanz solcher Verheiratungen und Familienfehden als Kulturgut, das wir in unserer Gesellschaft anzuerkennen haben oder aber als Widerspruch zu den Grundrechten der Bundesrepublik und den Menschenrechten. In diesem Zusammenhang ist eine Wertediskussion unabdingbar, da grundsätzliche Rechte des Menschen auf ihre universelle Geltung hin gesehen werden müssen.

Ehearrangements in Japan, auch diese haben eine lange Tradition, sind den Schüler/innen wahrscheinlich weniger bekannt und dürften für einige überraschend sein. In diesem Kontext, in dem die Ehen nur bei Zustimmung beider Partner geschlossen werden, können dann Vor- und Nachteile der verschiedenen Eheschließungspraktiken diskutiert und bewertet werden.

Exemplarische Unterrichtsstunde

Paar oder Partner?

Seite 54/55

Zeit	Phase	Inhalt	Arbeitsform[1]	Medium
5'	Einstieg (Blitzlicht, Bildeinstieg etc.)	Paarbilder zeigen (z. B. Internet/Zeitschriften): Rückschlüsse auf die Art der Beziehung (partnerschaftlich, traditionell, Nähe, Liebe, Gleichwertigkeit u. Ä.) ziehen	UG	Bilder
	(Hausaufgabe)			
	Thema	Paar oder Partner?		
5'	Problemfrage/n formulieren (Themenfindung, Materialsuche, methodische Überlegungen)	Aufgabe 1: (falls nicht schon durch Bildeinstieg benannt) verschiedene Beziehungsformen und ihre mögliche Problematik ansprechen: zusammen oder gemeinschaftlich		Text
15'	Problematisierung bearbeiten (mit Texten, Materialien, Experten etc.)	Gesprächsauszüge (S. 54/55, S. 55) in Gruppen mit der entsprechenden Aufgabe bearbeiten, Gruppen stellen ihre Ergebnisse vor	GA	Text
10'			GP	Tafel/Folie, Rollenspiel
10'	Reflexion/Ergebnis/-sicherung (Rückbezug auf Ausgangslage, Revisionen, Differenzierungen usw.)	Zitat von Schweizer (S. 55) als Anlass für die Frage nach und Diskussion der (Un-) Freiheit der eigenen Lebensgestaltung im Hinblick auf gesellschaftlich vorgegebene Beziehungsmuster	PL	Text
	(Hausaufgabe)	Sammlung verschiedener Lebensformen		

[1] Gruppenarbeit (GA), Einzelarbeit (EA), Plenum (PL), Unterrichtsgespräch (UG), Gruppenpräsentation (GP) etc.

Vorschläge für Klassenarbeiten

1. *Stell dir vor, junge Menschen aus verschiedenen Ländern wie China, Frankreich, Brasilien und Deutschland kommen zusammen und tauschen sich über ihre Vorstellungen von Familie im Hinblick auf Kinderzahl, Kinderbetreuungsmöglichkeiten, Berufstätigkeit, Familienpolitik und Entwicklungstendenzen für die Zukunft aus.*
Wie könnte ein solches Gespräch ablaufen?

(Informationen aus den verschiedenen Textauszügen S. 34, 37)

2. *Zieht Rückschlüsse aus den verschiedenen Beiträgen.*
(Hier sollte von den Schüler/inne/n erkannt werden, dass unsere Vorstellungen von Familie und Familienleben sehr stark kulturell und gesellschaftlich geprägt sind und keine unumstößliche Größe darstellen, sodass Veränderungen nicht per se als schlecht betrachtet werden sollten, sondern auch als Widerspiegelung veränderter gesellschaftlicher Verhältnisse.)

3. *Stell dir vor, dein Freund (oder deine Freundin) erzählt dir, dass er eine alte Frau bei der Bank beobachtet hat, wie sie sich eine große Geldsumme hat auszahlen lassen. Er hat sie beobachtet und ihr in einem geeigneten Moment die Tasche entwendet. Nun hast du gerade im Radio gehört, dass einer alten Frau ihre letzten Ersparnisse gestohlen wurden, mit denen sie einen Platz in einem Altenheim bezahlen wollte. Dein Freund will nun mit dir shoppen gehen, verreisen, Partys steigen lassen. Er will nichts davon wissen, dass er das Geld zurückgeben sollte, er will es auf jeden Fall behalten.*

Wie verhältst du dich?
Lässt du deinen Freund gewähren? Möchtest du etwas davon abbekommen oder hinderst du ihn daran, sich noch weiter straffällig zu machen?
Gehst du zur Polizei oder seinen Eltern?
Nimm ausführlich Stellung!

4. Erich Fried

Eine Nervensäge

Mit deinen Problemen
heißt es
bist du
eine Nervensäge
5 Ich liebe die Spitze
und Schneide
von jedem Zahn
dieser Säge
und ihr blankes Sägeblatt
10 und auch ihren runden Griff.

(Aus: Es ist was es ist © Verlag Klaus Wagenbach, Berlin 1983)

Lies das Gedicht und überlege, ob der Dichter und die beschriebene Person ein glückliches Paar sein können. Begründe deine Meinung.

5. Erich Fromm
Liebe ist ein Kind der Freiheit

Kann man Liebe *haben*? Wenn man das könnte, wäre Liebe ein Ding, eine Substanz[1], mithin etwas, das man besitzen kann. Die Wahrheit ist, dass es kein solches Ding gibt. „Liebe" ist eine Abstraktion[2]; vielleicht eine Göttin oder ein fremdes Wesen, obwohl niemand je diese Göttin gesehen hat. In Wirklichkeit gibt es nur den *Akt des Liebens*. Lieben ist ein produktives Tätigsein, es impliziert, für jemanden (oder etwas) zu sorgen, ihn zu kennen, auf ihn einzugehen, ihn zu bestätigen, sich an ihm zu erfreuen – sei es ein Mensch, ein Baum, ein Bild, eine Idee. Es bedeutet, ihn (sie, es) zum Leben zu erwecken, seine (ihre) Lebendigkeit zu steigern. Es ist ein Prozess, der einen erneuert und wachsen lässt.

Wird Liebe aber in der Weise des Habens erlebt, so bedeutet dies, das Objekt, das man „liebt", einzuschränken, gefangenzunehmen oder zu kontrollieren. Eine solche Liebe ist erwürgend, lähmend, erstickend, tötend statt belebend. Was als Liebe *bezeichnet* wird, ist meist ein Missbrauch des Wortes, um zu verschleiern, dass in Wirklichkeit nicht geliebt wird. [...]

(Erich Fromm: Haben oder Sein. Seelische Grundlagen einer neuen Gesellschaft, [11]1979, S. 52 © Deutsche Verlags-Anstalt, München, in der Verlagsgruppe Random House GmbH)

Nimm Stellung zu Fromms Ansicht, dass wir Liebe nicht haben können. Überlege auch, unter welchen Umständen und Bedingungen eine Liebesbeziehung von Dauer sein könnte.

---
[1] Substanz: chem., ein Stoff, philosophisch etwas Wesentliches, Essenzielles
[2] Abstraktion: Herauslösen von Teilgehalten, Merkmalen aus einem anschaulichen Ganzen, um das Gleichbleibende und Wesentliche verschiedener Gegenstände zu erkennen

Gewalt und Gewaltfreiheit

Allgemeine Erläuterungen zur Unterrichtseinheit

Bei diesem Kapitel ist es von großem Vorteil, dass seine aktuelle Relevanz und die Notwendigkeit, es ausführlich zu behandeln, mit einem großen Interesse bei den Schüler/inne/n zusammenfallen. Auch seine Vielschichtigkeit sowie die breite Verankerung in der Lebenswelt der Schüler/innen fördert die Motivation zu diesem Thema.
Das Lehrbuch teilt das Thema in drei Abschnitte ein.
Im ersten Abschnitt werden Formen struktureller Gewalt aufgezeigt, ohne dass dieser Begriff bereits explizit in Erscheinung tritt. Gewalt wird als Ausschluss aus der Gemeinschaft, als Marginalisierung und Diskriminierung dargestellt. Die Frage nach der Entstehung von Gewalt wird also zunächst im politischen Kontext gestellt.
Im Anschluss daran wird der Gewaltbegriff geklärt und die Frage nach den Ursachen im biologischen, soziologischen und psychologischen Bereich weiter verfolgt, um danach Gewalt in ihren verschiedenen Erscheinungsformen im zwischenmenschlichen, medialen und globalen Rahmen zu untersuchen.
Dabei soll jeweils deutlich werden, dass Gewalt keine Lösung von Konflikten und Problemen darstellt, sodass die Frage nach einer tatsächlichen Konfliktlösung immer deutlicher und dringlicher hervortritt. Antwortmöglichkeiten soll der dritte Abschnitt durch die Thematisierung von gewaltfreien Methoden und Strategien bieten.
Eine Feingliederung des Themas erfolgt unter Einbeziehung der spezifischen Interessen der Gruppe zu Beginn der Einheit in Form eines Masterplans.

Leitfaden für mögliche Unterrichtssequenzen

Seite 64/65   Auftakt

Die Auftaktseite will Anregungen für diese Feingliederung bieten. Zunächst wird durch das Picasso-Bild „Welt ohne Waffen" eine positive Vision vorangestellt: Gewalt lässt sich überwinden. Es ist wünschenswert, diese Vision auch in der jeweils aktuellen politischen Situation zu verankern, beispielsweise in der Vorstellung des amerikanischen Präsidenten Barack Obama von einer atomwaffenfreien Welt.
Die Zitate rechts sprechen unterschiedliche Bereiche an, in denen Gewalt auftritt:
- Das Heine-Zitat deutet an, dass die Verbrennung von Büchern weit mehr ist als Gewalt gegen Sachen, sondern sich als radikale Zensur und Gedankenkontrolle auch direkt gegen Menschen richtet.
- Die Rede vom „Recht des Stärkeren" weist nicht nur auf den naturalistischen Fehlschluss im Bereich Evolution („Die Soziobiologie", S. 78) hin, sondern auch in unserem Wirtschaftssystem („Humankapital'", S. 94/95) und im Rechtssystem bis hin zum Kriegsrecht, mit dem Kant in seiner Schrift „Zum Ewigen Frieden" (S. 93) abrechnet.
- Das Gandhi-Zitat zielt auf Gewaltfreiheit als politische Strategie (s. S. 98/99).
- Der Ausspruch von Billy Wilder charakterisiert eine Form von Gewalt, die häufig in den Medien zu finden ist (S. 84) und oft bei Jugendlichen als „Coolness" bewundert wird. Das Bild auf S. 81 veranschaulicht diese Haltung.
- Erich Fried entlarvt strukturelle Gewalt, die sich zunächst unmerklich in der Sprache findet.
- Das bekannte Zitat von Franz Kamphaus stellt den Mangel an Ratio heraus, der sich in jeder Form von Aufrüstung offenbart: die Unfähigkeit einen Konflikt oder ein Problem mit den Mitteln des Verstandes zu lösen (S. 96/97).
- Cybinski schließlich deutet an, dass Gewalt ein höchst komplexes Phänomen ist, das nicht auf physische Gewalt reduziert werden kann (S. 77).

Seite 66–75   1. Das Fremde und das Eigene
2. Fremd unter uns?

Auf diesen ersten Doppelseiten wird die Frage nach der Entstehung von Gewalt von einem politischen Ansatz aus untersucht. Es geht hier um das Problem, dass Verschiedenheit oft Ursache für Ausgrenzung wird. Statt Integration zu fördern werden Feindbilder aufgebaut.

Auf der ersten Doppelseite soll zunächst dieser Mechanismus bewusst gemacht werden. In dem Bild von Edward Hopper (S. 66) lässt sich der Clown als der Fremde, die anderen Personen als verschiedene Haltungen ihm gegenüber interpretieren. Vertiefend beschreibt die Kurzgeschichte von Kafka sehr eindringlich Motive, die zur Ausgrenzung des Fremden führen. In den weiteren Texten steht die alternative Haltung im Vordergrund: das Andere als Bereicherung und Ergänzung in die eigene Identität zu integrieren.

Diese beiden alternativen Haltungen zum Fremden – Ausgrenzung und Integration – kommen auf jeder der folgenden Doppelseiten zur Darstellung, wobei deutlich werden soll, dass die eine zu Gewalt führt, während bei der anderen Konflikte in konstruktiver Weise gelöst werden können.

Fremdheit wird in dreifacher Weise thematisiert:
- ethnische Minderheiten am Beispiel der Sinti und Roma (S. 68/69)
- andere sexuelle Orientierung am Beispiel der Homosexualität (S. 70/71)
- anderes religiöses Bekenntnis am Beispiel des Islam (S. 72–75)

Seite 76–83   3. Was ist Gewalt?
4. Sind Diskriminierung und Rassismus „natürlich"?
5. Wie entstehen Aggression und Gewalt?

Die Doppelseite 76/77 dient der Begriffsbestimmung, wobei zunächst Aggression und Gewalt voneinander abgegrenzt werden. Dies ist vor allem in Hinsicht auf die Bewertung bedeutsam, da Aggression durchaus eine förderliche Funktion haben kann, während Gewalt in diesem Kontext immer negativ bewertet wird. Die neutrale Bedeutung von Gewalt („Staatsgewalt", „Gewaltenteilung") wird hier nicht eingeführt, könnte jedoch zusätzlich erwähnt werden.

Sehr bedeutsam ist der Begriff der strukturellen und kulturellen Gewalt (S. 77), der den Schüler/inne/n zunächst ein wenig Mühe macht. Es könnte daher hilfreich sein, sie als Hausaufgabe nach weiteren Beispielen aus Politik und Gesellschaft suchen zu lassen. Die Doppelseite 78/79 ist von zentraler Bedeutung, da noch immer Missverständnisse von Darwins Formel „survival of the fittest" ihr Unwesen treiben. Dabei spielt die grobe Fehlübersetzung mit „Überleben des Stärkeren" noch immer eine Rolle. In den letzten Jahren wird die Formel als Gesetz der Evolution auch von Biologen grundsätzlich infrage gestellt. Die Debatte, die beispielsweise der Freiburger Mediziner Joachim Bauer („Das kooperative Gen") gegen die Soziobiologie führt, stellt er in einem Gleichnis dar (S. 78/79), dessen Argumentation hier exemplarisch dargestellt wird:

Seite 78/79　Tafelbild: Joachim Bauer: „Biologistischer Fehlschluss"

> - Annahme: Wir versetzen uns in die Perspektive von Außerirdischen, die über mehrere Jahrzehnte den irdischen Straßenverkehr beobachten, um seinen Sinn und Zweck zu ergründen.
> - Wir stellen dabei fest, dass immer wieder Personen zu Tode kommen.
> - Solche „Personenschäden" sind bei Fahrzeugen mit einer stabileren Bauweise seltener.
> - Es tauchen vermehrt Fahrzeuge in dieser „besseren" Bauweise auf.
> - Wir ziehen daraus die Schlussfolgerung, dass der Straßenverkehr durch einen Überlebenskampf der besseren gegen die schlechteren Fahrzeuge gekennzeichnet ist, der zur Förderung der Entwicklung führt.
> - Wir nehmen an, dass der Sinn und Zweck des Straßenverkehrs in diesem Überlebenskampf besteht.
> - Der Zweck des Straßenverkehrs aber ist ein ganz anderer: Mobilität, Begegnung.
> - Überträgt man nun dieses Gleichnis auf die Evolution, so stellt man fest, dass der Überlebenskampf, der sich in ihr beobachten lässt („survival of the fittest"), ebenso wenig mit ihrem Zweck verwechselt werden darf (> „biologistischer Fehlschluss").

Die nächsten beiden Doppelseiten stellen zur Entstehung von Aggression und Gewalt klassische Aggressionstheorien dar. Eine neuere Theorie ist die von Joachim Bauer, der sie auf seine Grundthese vom Menschen als Beziehungswesen aufbaut. Aggression wird hier nicht auf der Basis von Gegnerschaft, sondern gerade als Kampf um zwischenmenschliche Beziehung verstanden.
Zur Behandlung der Aggressionstheorien in arbeitsteiliger Gruppenarbeit wäre eine Doppelstunde sinnvoll. Bei einer Einzelstunde muss die Präsentation und Diskussion der Ergebnisse auf die nächste Stunde verschoben werden.
Die Katharsishypothese kann in diesem Zusammenhang mit thematisiert werden.
Noch passender jedoch scheint ihre Problematik im Kontext der nächsten Unterrichtssequenz „Medien".

Seite 84–89　6. Inszenierungen von Gewalt
7. Gewalt per Mausklick
8. Unfassbare Gewalt

Dieser Themenbereich kann in einem Lehrbuch nicht abgedeckt werden, weil er der ständigen Aktualisierung bedarf, was sich auch durch das Interesse der Schüler/innen und ihr Vorwissen von selbst ergibt. Auch stehen gerade im Zusammenhang der Problematik von Jugendgewalt, wenn beispielsweise ein Amoklauf an einer Schule die Öffentlichkeit in Entsetzen und Erklärungsnot versetzt, die Medien im Zentrum der Aufmerksamkeit. Jugendliche reagieren oft allergisch darauf, dass den Medien die Hauptverantwortung gegeben wird. Es ist dementsprechend didaktisch sinnvoll, die Rolle der Medien in der Gewaltproblematik deutlich herauszustellen, ohne sie zu Sündenböcken zu machen.
Die Auswahl der Filme auf der Doppelseite 84/85 bedarf einer Erläuterung.
In den Bond-Filmen tritt Gewalt als „Coolness" auf. James Bond ist der Paradetyp des Siegers mit dem stets starken Auftritt, dessen Stärke aber auf Kosten anderer geht. Diese werden lächerlich gemacht oder, wenn weiblich, auf oft chauvinistische Weise als das schwache Geschlecht dargestellt. Die Komik der Dialoge basiert häufig auf reiner Schadenfreude.
Kriegsfilme als Beispiele für die explizite Darstellung von Gewalt müssen natürlich differenziert betrachtet werden. Oft wollen sie ja Anti-Kriegsfilme sein und die zerstörerische Wirkung von Gewalt herausstellen. Jedoch ist zu beachten, dass Gewalt auch eine Faszination ausübt, die durch die Herausstellung gerade beschworen wird. Gewalt verselbstständigt sich dann zum primären Gegenstand der Darstellung.
Dies ist nach Auffassung des Textes von Jens Jessen auch bei Mel Gibsons „Passion Christi" der Fall. Man muss diese Meinung nicht teilen, aber es ist sicherlich sinnvoll, sich mit ihr auseinanderzusetzen und es könnte zu sehr interessanten Diskussionen führen.
Die Frage, ob es hilfreich sein könnte, sich gemeinsam einen Film oder Ausschnitte daraus anzusehen, muss offen bleiben. Das Vorgehen ist hier abhängig von der Gruppe und der Zeitökonomie.

Auch die nächste Doppelseite 86/87 bedarf sicherlich der Aktualisierung und Anpassung an die spezifische politische und didaktische Situation. Sowohl zur Gewalt- als auch zur Suchtproblematik von Computerspielen und Internet findet sich oft täglich aktuelles Material in den Medien. Doch obwohl die Gefahr der Übersättigung bei dieser Thematik gegeben ist, ist es immer wieder nötig, das eigene Konsumverhalten aus ethischer Perspektive zu reflektieren. Dazu nachfolgende **Zusatzmaterialien:**

Material 1 — Training zur Gewalt?

Computerspiele ermöglichen ein Training, das gerade für Kampfpiloten und viele andere unserer wahnsinnigen Berufe in dieser wahnsinnigen Welt sehr geeignet ist. Sie trainieren in unvergleichlicher Weise die Verdrängung. Die psychologische Distanz, die Entfernung zwischen dem, was ich tue, und dem, was die Konsequenzen meiner Tat sind, ist so riesig groß, dass diese beiden Dinge einfach nichts mehr miteinander zu tun haben. Wir denken sie nicht einmal mehr zusammen. [...]
Ich stelle mir einen Piloten in einem B52 Flugzeug vor, das in zehntausend Metern Höhe fliegt. Ein elektronisches Signal auf einem kleinen Bildschirm sagt ihm, dass er das Ziel erreicht hat und jetzt die Bomben abwerfen muss. Er drückt auf einen Knopf. Die Bomben fallen. Er kann sie nicht sehen. Er ist weit weg, wenn sie unten ankommen. Er kann sie nicht hören. Und nur aufgrund dieser psychologischen Entfernung von den Auswirkungen seines Tuns wird es ihm möglich, diesen Knopf zu drücken.
Ich möchte nicht missverstanden werden: Ich will damit nicht sagen, die Videospiele haben Schuld daran. Das wäre natürlich Unsinn. Aber sie haben uns sehr viel gelehrt und gut vorbereitet.
(Joseph Weizenbaum: Wo sind sie, die Inseln der Vernunft im Cyberstrom? © Verlag Herder GmbH, Freiburg im Breisgau, 2006, S. 34 f.)

▮ Wo sieht der Autor Gemeinsamkeiten zwischen Computerspielen und realen Kampfhandlungen? Tauscht euch in Partnerarbeit über die Aussagen des Textes aus.

Der amerikanische Militärpsychologe Dave Grossman vergleicht in seinem Buch „Stop teaching our kids to kill" gewalttätige Computerspiele mit traditionellen Spielen.

Wenn ich mit meinem Bruder Billy spiele und ihn verletze, dann ist Schluss mit lustig. Ich lerne, dass Billy ganz real Schmerz fühlt und ich bestraft werde, wenn ich ihn zusammenschlage. Seit ewigen Zeiten spielen Kinder Cowboy und Indianer, hauen sich mit Holzschwertern über den Kopf und nehmen Gefangene. Die Video- und Computerspiele pervertieren das: Ihr einziger Sinn und Zweck besteht darin, dass der Spieler immer mehr Menschen abschlachtet, foltert, wegpustet. Und daran Spaß hat.
(Interview (geführt und übersetzt von Maria Biel) mit Dave Grossman: Warum töten wir?, in: DIE ZEIT Nr. 39 vom 23.9.1999, S. 5)

1. Sammelt die Argumente Grossmans und Weizenbaums und nehmt dazu Stellung.

2. Kennzeichnet dabei Computerspiele, die Training zur Gewalt sein können.

Material 2 — Gewalt: trainiert und belohnt

Zunächst einmal ist festzustellen, dass Gewalt in diesen Spielen nicht nur passiv konsumiert, sondern *aktiv trainiert* wird. Aktives Training aber führt zu einem besseren Lernerfolg als nur passives Zusehen, wie die Lernforschung seit langem weiß. [...]
Zweitens führt die Identifikation mit einem Aggressor zu dessen Imitation. Dieser Mechanismus ist vor allem für die Auswirkungen der Ego-Shooter-Spiele von Bedeutung, denn es ist gerade das Besondere dieser Spiele, dass sie den Spieler zur Identifikation mit der aggressiven Spielfigur zwingen. Man schlüpft ja gewissermaßen in dessen Rolle, in dessen Körper, sieht die Welt mit dessen Augen. Hat man sich aber erst einmal mit der aggressiven Spielfigur identifiziert – bei manchen Spielen kann der

Spieler sogar diese mit seinem Passbild ausstatten –, so werden die Handlungen der Spielfigur noch
rascher und nachhaltiger gelernt. [...] Im Gegensatz zu Film und Fernsehen liefert die Videokonsole
oder der Computer eine Belohnung für verübte Gewalt. Man erntet Punkte, sammelt neue eigene
Leben, kommt eine Ebene weiter, erhält neue Waffen und Munition etc.

(Manfred Spitzer: „Vorsicht Bildschirm", dtv, München 2009, S. 213 f.)

1. *Stelle mit eigenen Worten dar, wie mit Ego-Shootern Gewalt gelernt wird.*

2. *Sammelt in Gruppen einige Ideen für ein Computerspiel, in dem hilfsbereites Verhalten und die Vermeidung von Gewalt belohnt werden.*

Material 3

Wenn einer mit Vergnügen in Reih und Glied zu einer Musik marschieren kann, dann verachte ich
ihn schon; er hat sein großes Gehirn nur aus Irrtum bekommen, da für ihn das Rückenmark schon
völlig genügen würde.

(Albert Einstein: Mein Weltbild, Copyright © 1953 by Europa Verlag AG Zürich)

Lässt sich dieses Zitat auch auf das Spielen von Killerspielen übertragen? – Diskutiert darüber.

Die Doppelseite 88/89 thematisiert die Problematik der Jugendgewalt an einem sehr drastischen Beispiel, das jedoch sehr differenziert betrachtet wird, sodass es die Schüler/innen zu tiefgehenden psychologischen Beobachtungen und Analysen motiviert.
Der Text des Psychologen Arno Gruen ist dadurch besonders aufschlussreich, dass er eine „Ideologie männlicher Stärke" als Ursache von Gewalt benennt und beschreibt. Das wird deutlich in der folgenden **Argumentationsskizze:**

Seite 89 — Arno Gruen: Mörderische Wut

- Gewalttäter sind oft selber Opfer einer „Ideologie der männlichen Stärke", die ihnen nicht gestattet, Schwäche zuzugeben.
- Schwäche wird als Versagen erlebt, eigene Verletzungen müssen versteckt bleiben,
- Überlegenheit und Stärke (> Gewalt) werden verherrlicht.
- Widerspruch: Zwar Protest gegen gesellschaftliche Hierarchie, die sie ausschließt, aber gleichzeitig Beitrag zum Fortbestand einer hierarchischen Ordnung.
- Rebellion als Hilferuf – die Gesellschaft reagiert jedoch auf die Rebellion nur mit Strafe, nicht mit Hilfe.
- Angemessene Reaktion: Den Gewalttätern deutlich Grenzen setzen, aber sich auch selbstkritisch mit eigenen Wertmaßstäben (Glorifizierung von Heldentum, Tabuisierung von Schwäche und Verletzlichkeit) auseinandersetzen.

Seite 90–95
9. „Schule für Killer"
10. „Krieg macht krank" – Kriegstraumatisierung
11. „Humankapital"

Diese Sequenz wird eingeleitet durch eine drastische Szene aus George Taboris Theaterstück „Pinkville", die die Ausbildung zum Dienst an der Front darstellt.
Ein besonders eindringliches Erlebnis wird erzielt, wenn die Szene teilweise mit der Gesamtgruppe gespielt wird, z. B. ab der zweiten Spalte, in der jeder Satz von der Gruppe wiederholt wird. Die Rolle des Sergeant kann entweder die Lehrperson selbst oder nach Absprache ein(e) begabte(r) Schüler(in) übernehmen. Besonders wirkungsvoll ist dies, wenn es gleich zu Beginn der Stunde unvermittelt geschieht, nur eingeleitet durch einige schroffe Sätze wie: „Aufstehen! – Könnt ihr nicht stramm stehen? – Sprecht mir nach!". Dieses etwas gewagte Vorgehen kann jedoch auch durch gemeinsame Lektüre mit verteilten Rollen ersetzt werden, wobei die „Gruppe" von allen gesprochen wird.
Der folgende Text bietet die wissenschaftliche Beschreibung dieser Erfahrung.
Die nächste Doppelseite 92/93 beschäftigt sich zunächst mit Kriegstraumatisierung. Dieses Thema stößt bei Schüler/innen meist auf großes Interesse und kann daher durch aktuelles Material vertieft werden.

Material 4

Warum ist trotz der enormen Kriegsmüdigkeit in den USA die Protestbewegung heute weniger breit als während des Vietnamkriegs? Damals habe noch die Wehrpflicht existiert, viele Eltern fürchteten um das Leben ihrer Kinder, erklärt die Soldatin (Selena Coppa, US-Soldatin und Sprecherin der „Iraq Veterans Against the War"). Inzwischen aber sei das Militär eine Berufsarmee, sodass es viel weniger
5 betroffene Familien gebe. Die BerufssoldatInnen aber werden anscheinend als recyclebares Menschenmaterial benutzt. Die GIs, sagt Selena Coppa, würden drei-, vier-, fünfmal nacheinander zu durchschnittlich elf Monate dauernden Einsätzen in Kriegsgebiete geschickt, egal wie verrottet ihre Ausrüstung sei, egal wie traumatisiert sie seien. [...]

Traumatisierung sei ein riesiges Thema. „30 Prozent der Irak-Veteranen sollen unter PTSD leiden",
10 sagt sie. Das Posttraumatische Belastungssyndrom umschließt Panikattacken, Schlaflosigkeit, Herzrasen, Depressionen und mehr. „Wer PTSD hat, darf nicht dienen", erläutert Selena Coppa. Deshalb werde es den SoldatInnen sehr schwer gemacht, einen Termin bei einem Arzt zu bekommen, geschweige denn eine Diagnose oder gar Behandlung. Eine der Folgen sei die extrem hohe Zahl von Selbstmorden: „Ungefähr 120 Leute pro Woche begehen Suizid." Tatsächlich haben sich nach einer
15 Umfrage des US-Senders CBS allein 2005 mehr als 6.200 Kriegsveteranen umgebracht – damit übersteigt die Suizidrate die der offiziell Gefallenen.

(Ute Scheub: Sterbefeld Deutschland, in: DIE TAGESZEITUNG, 7.7.2008, S. 4)

Informiert euch weiter über die Organisation „Iraq Veterans Against the War" unter www.ivaw.org

Der Auszug aus Kants Schrift „Zum ewigen Frieden" ist nicht nur wegen der bleibenden Aktualität dieses Textes bedeutsam, sondern auch durch die Anführung seiner Mensch-Zweck-Formel in diesem Kontext, die hier bereits ohne den Hintergrund der Kantischen Ethik durchaus verständlich wird.

An dieser Stelle kann auch ein Problem thematisiert werden, das die Schüler demnächst hautnah betreffen wird: Militärdienst oder Zivildienst? Für viele könnte auch die Abfassung eines Textes zur Kriegsdienstverweigerung ein interessantes Thema sein.

Hier ein Beispiel:

Material 5 **Den Kriegsdienst verweigern**

Aus einem Antrag auf Anerkennung als Kriegsdienstverweigerer:

Nach meiner Überzeugung ist Töten im Krieg um nichts besser und auch nichts anderes als gewöhnlicher Mord. Ich kann nicht einsehen, dass, wenn Politik und Diplomatie versagen, Menschen zu „Feinden" erklärt und geplant vernichtet werden. Wieso ist Mord eine gerechte Sache, wenn jemand
5 dazu einen Befehl erteilt?

An solchem Tun kann und werde ich mich nicht beteiligen. Hier geht es doch um Menschen, die ich achte, auch wenn ich sie nicht kenne. Gibt es etwa einen Wertunterschied zwischen meinen Eltern, Verwandten, Freunden, Bürgern Deutschlands und Bürgern anderer Nationen? Sind nicht vielmehr alle Menschen gleich?
10 Alle haben nach meiner Überzeugung gleichermaßen das Recht auf Leben. Niemand darf sich das Recht anmaßen, über Leben oder Tod anderer zu bestimmen.

Der Gedanke, im Falle eines Krieges andere Menschen mit der Waffe töten zu müssen, ist für mich unerträglich. Die Gewissensbelastung in einer solchen Situation könnte ich mit Sicherheit nicht ohne seelische Schäden überstehen.
15 Bei der Bundeswehr würde ich auf eine solche Situation vorbereitet. Ich würde dazu ausgebildet, Menschen zu töten. Daher gibt es für mich, als reine Gewissensentscheidung, nur die Möglichkeit, den Dienst an der Waffe strikt abzulehnen.

Ich berufe mich hierbei auf den Artikel 4 Abs. 3 GG.

1. Lies den angegebenen Artikel des Grundgesetzes nach.

2. Stelle die Argumente dar, die für die Verweigerung vorgebracht werden, und nimm Stellung dazu. Verfasse gegebenenfalls eine eigene Begründung.

3. Zur Vertiefung: Informiere dich über die Situation von Kriegsdienstverweigerern in anderen Ländern.

Zum Weiterlesen: Joshua Key (mit Lawrence Hill): Ich bin ein Deserteur – Mein Leben als Soldat im Irakkrieg, Hoffmann und Campe 2007

Die globalisierte Wirtschaft mit Krieg zu vergleichen ist in Zeiten der Wirtschaftskrise nicht mehr skandalös, sondern fast schon banal geworden. Dennoch werden die literarischen Texte auf der Doppelseite 94/95 durch ihre satirische Zuspitzung sicherlich spannende Diskussionen auslösen.
Als Übung im Anschluss an den Widmer-Text kann die Erarbeitung eines „Kleinen Zynischen Wörterbuchs" sowohl spaßig als auch lehrreich sein. Ein Beispiel:

Der Markt braucht Monster – Kleines Wörterbuch für Top-Manager	
Kostenkontrolle	Massenentlassungen
Kündigungskultur	Auswahl, wer entlassen wird: Wer ist am ineffektivsten?
Spill-over-Effekt	den Markt mit Billigprodukten überschwemmen
Kostenoptimierung	Verlagerung der Produktion in ein Billiglohnland

Seite 96–105

12. Gewalt ist keine Lösung
13. Was heißt Toleranz?
14. Friedensarbeit

Was bisher immer wieder angedeutet wurde, soll nun explizit zum Thema werden: Alternativen zur Gewalt und Strategien sie zu überwinden.
Hierzu werden Methoden der Konfliktbearbeitung (Johan Galtung, Mediation) sowie Gandhis Konzept des gewaltfreien Widerstands vorgestellt. Danach wird der Toleranzbegriff allgemein und im religiösen Kontext untersucht und schließlich an Beispielen Möglichkeiten der Umsetzung von Gewaltfreiheit in politischen Konfliktsituationen veranschaulicht.
Auf Johan Galtungs Transcend-Methode wird im Abschnitt „Exemplarische Unterrichtsstunde" näher eingegangen.
Zur Veranschaulichung von Mediationstechniken ist es sinnvoll, die Streitschlichter/innen der Schule (falls vorhanden) einzuladen. Dies ist auch eine gute Gelegenheit, deren Arbeit bekannt zu machen und zu würdigen. Falls dies nicht möglich ist, kann auf die Institution der Streitschlichter generell hingewiesen werden.
Mediation lässt sich am besten handlungsorientiert verständlich machen. Deshalb ist es günstig, mit einer Übung – z. B. im aktiven Zuhören oder kontrollierten Dialog – einzusteigen und erst hinterher zu benennen und zu analysieren, wie man sich dabei intuitiv verhalten hat.
Die Freiburger „Werkstatt für gewaltfreie Aktion" (über Internet erreichbar) gibt gerne Auskunft in allen Fragen, die sich darüber hinaus ergeben.
In Gandhis Konzept der „Satyagraha" ist es vor allem wichtig, den Begriff von dem des „passiven Widerstands" abzugrenzen. Gandhi selbst legt darauf den größten Wert (siehe Text S. 98/99).
Der Film von Richard Attenborough bemüht sich um sehr große Authentizität bei der Darstellung von Gandhis Leben und Denken. Er ist daher äußerst sehenswert, erfordert jedoch durch seine Länge und die epische Erzählweise etwas Geduld. Das gemeinsame Anschauen innerhalb der Ethikstunden ist sicherlich nicht möglich, aber es könnte sich durchaus eine Möglichkeit in Kooperation mit dem Gemeinschaftskunde-, Geschichts- oder Englischunterricht finden lassen.
Der Toleranzbegriff, der auf den Doppelseiten 100/101 und 102/103 thematisiert wird, lässt sich am besten von seinen Grenzen her begreifen: Wann hört Toleranz auf? Diese Frage lässt sich recht gut im Umgang mit Neonazis, aber auch mit interkulturellen Problemen wie Zwangsheirat aufzeigen.
Der Text von Robert Spaemann auf S. 100 bietet hier eine gute theoretische Grundlage:

Seite 100   Tafelbild: Tolerant gegen Intoleranz?

Unterscheidung zweier unterschiedlicher Haltungen:

Moralischer Relativismus	Toleranz
• lässt Intoleranz zu	• schließt Intoleranz aus
• lehnt allgemeine Maßstäbe ab	• allgemeingültiger Maßstab: „Idee von der Würde des Menschen"
▶ bewertet individuelle Vorlieben nicht	▶ bewertet individuelle Vorlieben nach diesem Maßstab
• bei Konflikten gilt „Recht des Stärkeren"	• Konflikte werden durch vernünftiges Nachdenken oder Streiten entschieden

Die schwierigen Texte von Benhabib und Gadamer lassen sich durch Übungen zum Perspektivenwechsel („Leerer Stuhl") und zur Dialogführung erschließen, wobei bei letzterem die sprachphilosophische Reflexion gängiger Redewendungen („sich austauschen"...) äußerst aufschlussreich sein kann.

Das problematische Thema der religiösen Toleranz sollte keineswegs auf die Thematisierung von Ehrenmorden reduziert werden. Dass hier in keiner Weise für Toleranz Platz bleibt, ist offensichtlich. Um zum Kern des Problems vorzudringen ist Lessings Ringparabel von zeitloser Bedeutung. Die Beschäftigung mit ihr ist nicht nur in Kooperation mit dem Fach Deutsch sinnvoll, sondern Lessings Text bietet in hervorragender Weise Anschaulichkeit, Plausibilität und einen Lösungsweg, der das Problem nicht verharmlost. Um ihn zu konkretisieren, ist der Rekurs auf Galtungs und Gandhis Methoden der Konfliktbearbeitung sinnvoll. Zur Überprüfung der gefundenen Ergebnisse kann ein Gespräch mit einer Religionsgruppe aufschlussreich sein.

Das dadurch gewonnene Problembewusstsein stellt eine gute Grundlage für die Behandlung der Religionen Christentum und Islam dar, die am Ende des Buchs sehr differenziert erfolgt.

Als Beispiele für konkrete Friedensarbeit werden zwei Frauen vorgestellt, die unter sehr schwierigen politischen Bedingungen sich konsequent für die Sache des Friedens einsetzten und einsetzen. Bei Rosa Luxemburg geht es nicht darum, ihre politische Arbeit im Allgemeinen zu befürworten, sondern ihre konsequente Haltung gegen Nationalismus und Kriegspropaganda zu würdigen, die schließlich auch zu der Abspaltung des von ihr und Karl Liebknecht gegründeten Spartakus-Bundes von der SPD führte.

In dem angeführten Redeauszug ist zu beachten, dass sie zunächst eine Erklärung der SPD-Reichstagsfraktion zitiert und im zweiten Teil diese als Kriegspropaganda kritisiert, wobei sie deren stereotype Methoden und Parolen sehr deutlich herausstellt, sodass sie von den Schüler/inne/n an aktuellen Beispielen wieder erkannt werden können.

Der Palästina-Konflikt hat tragischerweise nichts an Aktualität verloren. Angesichts der verhärteten Fronten ist es tröstlich, die Aufmerksamkeit auf die Beispiele engagierter Friedensarbeit zu richten, die sich von allen Rückschlägen nicht entmutigen lässt.

Neben der hier zitierten Palästinenserin ist die deutsche Jüdin Felicia Langer zu nennen, die wegen (oder vielleicht trotz) ihrer deutlichen Worte gegen die israelische Regierung im August 2009 das Bundesverdienstkreuz für ihre Bemühungen um Dialog zwischen den Konfliktparteien bekommen hat.

Die Texte von Farhat-Naser geben einen Einblick in die Situation in den Palästinensergebieten, vor allem auch in die von Jugendlichen.

Material 6

An einem Freitag fuhr ich mit meinem Mann Munir und unserer Tochter Ghada nach Ramallah um einzukaufen, eine Ausreisegenehmigung zu beantragen, zur Bank zu gehen und andere Dinge zu erledigen, die seit Wochen anstanden. Wir waren froh, dass es an diesem Tag erlaubt war, mit dem Auto zu fahren. Auf dem Rückweg standen jedoch Hunderte von Autos und Menschen am Check-
5 point; kein Auto durfte passieren. Ich ging auf einen der Soldaten zu und sagte: „Heute morgen habt ihr uns fahren lassen, jetzt wollen wir zurück nach Hause!" Er antwortete, es gebe neue Bestimmungen, die Fahrt sei nur in eine Richtung erlaubt. Es half kein Reden und kein Bitten. Die Leute standen wütend da, einige jammerten.

Ein junger Mann konnte sich nicht beherrschen und gab dem Soldaten mit der Hand einen Stoß.
10 Wütend richtete dieser sein Gewehr auf die Brust des Mannes. „Schieß doch! Ich habe nichts zu verlieren", schrie dieser. Ich trat dazwischen, sodass das Gewehr nun auf mich zielte. Der Soldat brüllte mich an: „Geh weg, was mischst du dich ein!" Ich sagte: „Ich möchte dich schützen! Du hast ein Ge-

wehr, doch ich spüre deine Angst. Du könntest mein Sohn sein, ich möchte nicht, dass du zum Mörder wirst!" Ein anderer Soldat, der dies gesehen hatte, holte seinen Kameraden weg. „Danke!", sagte ich. „Wir leiden alle gleichermaßen unter der Situation." Der Soldat sagte: „Ich bin aus Holon in Israel, und am liebsten wäre ich dort." – „Dann geh nach Hause, weigere dich, hier Dienst zu tun!" entgegnete ich ihm. „Es ist schrecklich für dich, es macht dich kaputt." Er nickte.

(Sumaya Farhat-Naser: Verwurzelt im Land der Olivenbäume, Lenos Verlag 2002, S. 30)

Zeige, wie die Autorin die Zuspitzung des Konflikts verhindert.

Möglicherweise wird das Interesse der Schüler/innen an diesem Thema zum tieferen Einstieg in die komplexen Hintergründe des Konflikts führen. Referate dazu sowie die Zusammenarbeit mit den Fächern Geschichte und Gemeinschaftskunde könnten sinnvoll sein. Äußerst wünschenswert wäre, wenn beispielsweise dieser Konflikt Anlass würde zu einem gemeinsamen „Tag der Menschenrechte".

Exemplarische Unterrichtsstunde

Seite 96/97

Johan Galtungs Methode der Konfliktbewältigung

Phase	Inhalt	Arbeitsform	Medium
Problematisierung/ Experiment	Zwei sollen einen Apfel so teilen, dass beide zufrieden sind.	Partnerarbeit	Apfel
Reflexion	Austausch der angewandten Strategien	UG	Tafelbild 1: Ergebnisse
Erarbeitung	Johan Galtungs Methode	Text S. 96: Auswertung	Tafelbild 2 (linke Spalte)
Transfer 1	Siesta oder Fiesta?	Gruppenarbeit	Text S. 96
Neues Problem		Rollenspiel	Präsentation von Szenen
Reflexion und Ergebnissicherung	Lösungsmöglichkeiten und Bewertung	U-Gespräch	Tafelbild 2 (rechte Spalte)
Transfer 2 und Aussprache	Tauglichkeit dieser Methode zur Konfliktbewältigung	U-Gespräch	

Hausaufgabe: Anwendung auf weiteren Konflikt

Tafelbilder:
1.

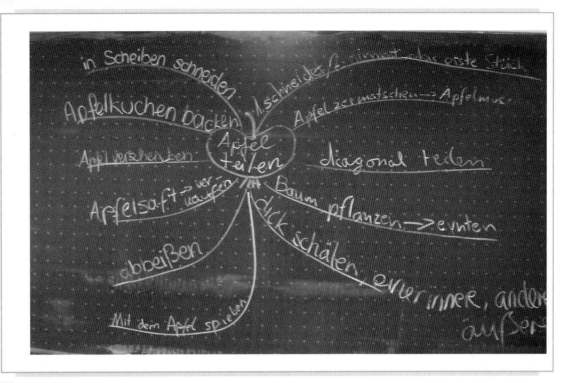

2.

Johan Galtung: Schritte zur Konfliktbewältigung

Konflikt: „Siesta oder Fiesta?"
- Brainstorming: Sammlung möglichst vieler Lösungsmöglichkeiten
- Sie geht zu Freunden/Er geht zu Freunden (abwechselnd)
- ruhigere Party
- Samstag Party/Sonntag Ruhe
- ...

- Bewertung: Können die Lösungen von beiden akzeptiert werden?

Kompetenzhinweise

Die Schlüsselkompetenz, um die es in diesem Kapitel geht, ist primär eine soziale: die Vermeidung von Gewalt im zwischenmenschlichen Umgang. Soziale Kompetenzen spielen hier naturgemäß eine große Rolle: Einfühlungsvermögen, die Fähigkeit zum Perspektivenwechsel. Jedoch sind durchaus auch personale Kompetenzen wesentlich. Denn wenn man von der Einsicht Gandhis ausgeht, dass Gewaltlosigkeit die Methode der Starken ist, so geht es auch grundlegend um eine Stärkung der Ich-Kompetenz. Die Vergewisserung der eigenen Identität ist Ziel der ersten Doppelseite. Die Erkenntnis, dass innere Widersprüche und Konfliktpotenzial jeder personalen Identität inhärent sind, ja gerade ihre Lebendigkeit ausmachen, soll die Grundlage für einen konstruktiven Umgang mit Konflikten bilden. Gleichzeitig soll die Bereicherung durch das Andere, das Fremde dazu motivieren, sich darauf offen und neugierig einzulassen. Eigene Vorurteile werden bewusst gemacht und gegebenenfalls überwunden. Dass Konflikte nicht zu Gewalt führen müssen, sondern konstruktiv gelöst werden können und damit in vielen Beziehungen bereichernd wirken, soll im Laufe der Unterrichtseinheit immer wieder deutlich werden. Die hierzu benötigten kognitiven, emotionalen und argumentativen Kompetenzen sollen in der Auseinandersetzung mit vielen Beispielen aus Politik, Gesellschaft und den Medien erworben werden. Die kognitive Klärung des Gewaltbegriffs befähigt dazu, Gewalt in unterschiedlichen Kontexten zu erkennen und auf ihre Ursachen zu hinterfragen. Dies wiederum erfordert Einfühlungsvermögen nicht nur in die Opfer, sondern auch in die Täter. Die Fähigkeit zum Perspektivenwechsel ist gleichzeitig Bedingung für die argumentative Kompetenz, die schließlich nicht nur bedeutet, die richtigen Argumente zu finden, sondern sie auch so vorzubringen, dass sie das Gegenüber erreichen und bewegen.

Dabei spielen Fantasie und Kreativität eine große Rolle.

Gewaltfreiheit soll nicht nur im moralischen Sinn als die einzige Möglichkeit erkannt werden, Probleme wirklich zu lösen, sondern sie soll bei den Schüler/inne/n positiv besetzt werden: als intelligent, kreativ, souverän und in jeder Hinsicht „stark".

Vorschläge für Klassenarbeiten

Thema: Gewalt und Gewaltfreiheit

1. *Bestimme die Formen von Gewalt, die in folgenden Beispielen vorliegen. Erläutere deine Entscheidung kurz.*
   a) Eine Nachbarin verprügelt regelmäßig ihre Kinder.
   b) 30.000 Kinder sterben täglich an den Folgen von Armut.
   c) Frauen sind in Führungspositionen unterrepräsentiert.
   d) Der Klimawandel scheint kaum mehr aufzuhalten zu sein.

   6 VP

2. *Kläre kurz die Entstehung von Aggression aus folgenden Ursachen und ordne sie in einen theoretischen Zusammenhang ein. Nenne jeweils auch Möglichkeiten zur Vermeidung von Gewalt.*
   a) Frustration
   b) Lernen am Modell

   8 VP

3. *„Krieg scheint doch naturgemäß wohlbegründet, praktisch kaum vermeidbar."*
   (Sigmund Freud)
   Skizziere zwei oder drei Argumente gegen diesen Satz.

   6 VP

4. *Kriegsgegner wollen gegen die in Deutschland stationierten US-Atomwaffen friedlich demonstrieren. Es werden aber auch gewaltbereite Demonstranten erwartet.*
   Entwickle eine gemeinsame Deeskalationsstrategie von friedlichen Demonstranten und Sicherheitskräften. Wende dabei einige Regeln der Satyagraha an.

   8 VP

Lösungshinweise:

1. a) personale körperliche (physische) Gewalt
   b) strukturelle Gewalt bedingt durch soziale Ungerechtigkeit und wirtschaftliche Ungleichheit
   c) strukturelle/kulturelle Gewalt: ungleiche Chancen im System/in der Kultur verankert
   d) strukturelle/kulturelle Gewalt: Ausbeutung der Natur als Grundlage unseres Wirtschaftssystems, auch kulturell legitimiert („Macht euch die Erde untertan.")

2. a) **John Dollard: Frustrations-Aggressions-Modell:** Aggression entsteht aus Frustration (Enttäuschung) darüber, dass meiner Anstrengung der Erfolg, die Anerkennung versagt bleibt. Die dadurch entstehende Triebenergie kann durch Gewalt abgebaut werden, aber es gibt auch andere Möglichkeiten der Abreaktion (z. B. sportliche, körperliche Aktivität). Eine weitere Alternative zur Gewalt ist, sich gegen ungerechte Behandlung mit gewaltfreien Mitteln zur Wehr zu setzen.

b) **Albert Bandura: Lernen am Modell:** Hier wird Aggression durch Nachahmung gewalttätiger Vorbilder (Eltern, Erzieher, Medien) erworben. Gewaltvermeidung erfolgt hier, indem Alternativen zur Gewalt als Modelle angeboten werden (Gespräche, Konfliktbewältigungsmethoden). Außerdem sollte der Konsum Gewalt verherrlichender Medien (Spiele, Filme) möglichst eingeschränkt werden.

3. Die Grundlage von Freuds Satz ist die unbewiesene Behauptung, dass der Mensch von Natur aggressiv sei. Aggression kommt zwar im angeborenen Verhalten des Menschen vor, ist aber als Mittel zur Konfliktlösung völlig ungeeignet, da damit keine gerechte Lösung angestrebt wird, sondern nur gewaltsam das „Recht des Stärkeren" durchgesetzt wird. Ein solches primitives Verhaltensschema aber ist dem Menschen als Vernunftwesen nicht angemessen.
Außerdem ist die Aussage Freuds ein typischer „naturalistischer Fehlschluss": Weil etwas in der Realität vorkommt, ist es noch lange nicht moralisch gerechtfertigt. Wir dürfen uns damit also nicht abfinden. Es ist doch gerade die Aufgabe des Menschen, unmenschliche Verhältnisse in menschliche zu verwandeln.

4. Die Austragung von Konflikten wird durch die Art und Weise bestimmt, wie die Konfliktparteien miteinander umgehen. Mahatma Gandhi hat hier einige Regeln formuliert, um Konflikte nicht zuzuspitzen, sondern zu deeskalieren. Beispielsweise sollen die Konfliktparteien aufeinander eingehen, sich nicht nur als Gegner sehen, sondern als Mitmenschen. Das heißt z. B., der Polizist, der den Demonstrationszug begleitet, ist nicht nur Vertreter der Staatsmacht, sondern vielleicht Familienvater. Außerdem soll ein Konflikt so betrachtet werden, dass man sich gegen einen Sachverhalt und nicht gegen Menschen wendet. In der Sache aber könnten die Polizisten durchaus derselben Meinung sein wie die Demonstranten.
Auch Gegner sind nach Gandhi Menschen, die mit dem gleichen Respekt behandelt werden müssen, den ich auch für mich in Anspruch nehme.
Natürlich würde eine solche Auffassung Leute, die nicht um der Sache, sondern um der Gewalt willen demonstrieren, wohl nicht beeinflussen. Aber eine gemeinsame Grundhaltung von friedlichen Demonstranten und Ordnungskräften könnte es erleichtern, solche Leute unter Kontrolle zu bringen.

Recht und Gerechtigkeit

Allgemeine Erläuterungen zur Unterrichtseinheit

Die Grundlagen, die in dem Kapitel des Schülerbandes *Fair Play* 7/8 (S. 56–65) „Alle gerecht behandeln"
bereits geschaffen wurden, sollen hier fortgesetzt und differenziert werden. Dort ging es primär um
- eine erste vom Sprachgebrauch ausgehende Reflexion des Begriffs Gerechtigkeit,
- eine Vertiefung der gewonnenen Ergebnisse anhand eines Sokrates-Dialogs,
- Strafgerechtigkeit und
- den Begriff der Gleichheit, als einem ersten Kriterium von Gerechtigkeit.

In dem vorliegenden Band sollen
- der Begriff des Rechts in der Abgrenzung vom Moral-Begriff (S. 110–115),
- der Begriff des positiven bzw. überpositiven Rechts im Zusammenhang mit dem Widerstandsrecht (S. 116–119),
- die Kriterien der Gerechtigkeit (S. 120–123),
- eine moderne Theorie der Gerechtigkeit (S. 124/125) und
- der Begriff der Menschenrechte (S. 126/127)

dargestellt und geklärt werden.

Leitfaden für mögliche Unterrichtssequenzen

Seite 108/109 — Auftakt

Eine Bildbeschreibung und Interpretation der Sprichwörter bieten die Möglichkeit, gewisse Aspekte des Problemkomplexes „Recht und Gerechtigkeit" zu benennen, zu sammeln, zu gliedern und als Problemfragen für den nachfolgenden Unterricht zu formulieren.

Seite 110/111 — 1. Alles, was Recht ist ...

Die erste Doppelseite will anhand einer Fallanalyse in das Problemfeld „Was ist Recht?" einführen. Ihr Mittelpunkt sind die drei Texte (Urteil des Bundesverfassungsgerichts/Ralf Dahrendorf und Hans-Ulrich Wehler), in denen für oder wider ein Verbot der „Holocaust-Lüge" argumentiert wird.

Seite 110/111 — Tafelbild/Argumentationsskizze: Urteilsbegründung des BVGs

Argumentationsgang

a) **These 1**: Unrichtige (sachlich falsche) Behauptungen werden nicht durch Meinungsfreiheit geschützt.
   Beleg: Die Leugnung der Judenverfolgungen widerspricht der klar belegten historischen Wahrheit.

b) **These 2**: Die „Auschwitz-Lüge" verstößt gegen die Würde der in Deutschland lebenden Juden.
   Beleg: Die jüdischen Holocaust-Opfer haben einen Anspruch darauf, dass ihr Leidensschicksal anerkannt und nicht geleugnet wird.

Argumentationsskizze „Holocaust-Lüge":

Güterabwägung

Würde der Opfer   Meinungsfreiheit

Seite 112/113 — 2. Das Recht: ein nützliches Regelwerk?

Diese Doppelseite ist eine direkte Fortführung auf abstrakterer Stufe der Doppelseite in *Fair Play 7/8* „Wozu sind Regeln gut?" (S. 78/79). Hinter den mannigfaltigen Funktionen von Rechtsregeln steht die Idee von der Zweckrationalität. Rechtsregeln erfüllen stets eine Zweck: sie sollen grundsätzlich ein geordnetes, auch gerechtes Zusammenleben der Menschen in einer immer komplizierter werdenden Welt ermöglichen. Diese Funktionalität ist zugleich das Kriterium für ihre Legitimation.
Das Prinzip der Zweckrationalität könnte man wie folgt als praktischen Syllogismus formulieren:

- *Wenn eine rationale Person will, dass p der Fall ist,*
- *und wenn sie weiß, dass q eine notwendiges Mittel ist, um p zu erreichen,*
- *dann will eine rationale Person aus wohlverstandenem eigenen Interesse, dass q der Fall ist.*

Hier zeigt sich auch die für das ethische Argumentieren grundlegende Figur der Zweck-Mittel-Relation. Bestimmte Mittel werden eingesetzt, um bestimmte Ziele zu erreichen. Die wichtige Frage ist nun: sind es die richtigen d. h. berechtigten (legitimen) Mittel, um die gesetzten Zwecke zu realisieren?

Seite 114/115 — 3. Recht und Moral

Moralische Regeln und Rechtsregeln beziehen sich beide auf menschliches Handeln und Verhalten. Das ist ihre gemeinsame Basis.
Sie beziehen sich jedoch auf dieses Verhalten in je unterschiedlicher Weise, wie es der Text „Was ist gut, aber durch Gesetze nicht geschaffen?" prägnant zum Ausdruck bringt. Redlichkeit, Fairness und Gerechtigkeit sind im Wesentlichen innere Haltungen und können nicht allein durch Anordnungen, Gesetze und Strafen erreicht werden.

Seite 114/115　Tafelbild:

Rechtsregeln
- werden zu bestimmten Zeiten, in einer bestimmten Gesellschaft aufgestellt,
- sind insoweit dokumentiert,
- sind einklagbar, erzwingbar; zum Recht gehört auch immer der Vollzug, die Durchsetzung, die Sanktion.
- Sie können aufgegeben werden, wenn sie niemand mehr beachtet; eine Rechtsnorm, die man folgenlos tausendfach übertreten kann, zerbricht;
- und sie beziehen sich vor allem auf das äußere Verhalten der Menschen und schreiben so keine ausdrückliche Gesinnung vor.

Moralregeln
- gelten allgemein, brauchen nicht dokumentiert zu sein,
- sind in der Regel nicht einklagbar,
- sie gelten auch gegen zahlreiche Verstöße
- und sie beziehen sich in erster Linie auf die innere Einstellung der Menschen.

Diese Unterscheidungen schärfen auch den Blick für die Eigenart (Proprium) moralischer Fragestellungen und Argumente.

Seite 116/117

4. Es ist nicht alles Recht, was Gesetz ist

Anhand einer Fallanalyse („Mauerschützenprozess") soll in das Problemfeld „positives Recht und überpositives Recht" eingeführt werden. Wichtig ist an dieser Stelle, zu einer Klärung der Begriffe „Rechtspositivismus" und „Naturrecht" zu kommen.

Der Rechtspositivismus:
Der Rechtspositivismus vertritt die Vorstellung, dass die Geltung von Normen allein durch staatliche Gesetze begründet wird. Er hat seinen Namen daher, weil das staatliche Recht auch als positives (lat. ius positivum), d.h. gesetztes Recht bezeichnet wird. In seiner Ablehnung aller überpositiven Normen steht der Rechtspositivismus im Gegensatz zum Naturrecht. Der Inhalt des Rechts ist dem Rechtspositivismus zufolge unerheblich, entscheidend ist jedoch das Zustandekommen durch die staatliche Macht. Insofern wären auch die Gesetze eines Unrechtsstaates gültiges Recht und müssen angewendet werden.

Begriff des Naturrechts (lat: ius naturale):
Das Naturrecht steht über dem von Menschen geschaffenen Recht (das sog. positive Recht). Das Mit- und Gegeneinander von Naturrecht und positivem Recht ist ein wesentliches Merkmal juristischen wie ethischen Argumentierens. Das Naturrecht als ein ideales Rechtssystem hat sich berufen entweder
a) auf eine gottgestiftete Weltordnung (kosmologisches Naturrecht),
b) auf die Wesensnatur des Menschen (anthropologisches Naturrecht) oder aber
c) auf die praktische Vernunft (rationales Naturrecht oder Vernunftrecht).

Das so begründete Naturrecht ist grundsätzlich universal. Es gilt über Menschen und Völker, Raum und Zeit hinweg und wird letztlich als Basis des von Menschen geschaffenen Rechts angesehen.
Die Idee des Naturrechts ist seit der Aufklärung kritisiert worden. Statt von Naturrecht kann man heute besser von Freiheitsrecht reden. Diese Idee einer anthropologisch, in der Wesensnatur des Menschen fundierten Freiheit lebt in den jedem Individuum zustehenden, unveräußerlichen Grund- und Menschenrechten weiter.
Wichtig für das ethische Argumentieren ist, dass die „Natur" des Naturrechts nichts mit „natürlicher Natur", der empirisch erforschbaren Natur, zu tun hat.

Argumentationsskizze: „Radbruchformel"

Das Naturrecht
als überpositives Recht garantiert, dass Grund- und Menschenrechte gelten.
Kein Gesetz darf gegen sie verstoßen.

↓ ↓ ↓

Gesetztes (positives) Recht

↑

schafft Rechtssicherheit, dadurch, dass es allgemein gilt
und die Menschen sich darauf berufen können.

Seite 118/119 ## 5. Ungehorsam gegen Gesetz und Staat?

Diese Doppelseite setzt die Spannung zwischen Recht und Moral, zwischen Legalität und Moralität bzw. Legitimität am Beispiel des zivilen Ungehorsams fort.

Begriffsskizze:

Legalität ⟶	⟵ Legitimität
bestehende Gesetze	Moralität
Law and Order-Denken	persönliches Wertempfinden/
	Gewissen als Maßstab
äußere Perspektive	innere Perspektive

In der Aufgabe 4 (S. 119) steckt ein Stück typisch juristischen Argumentierens: Konkrete Sachverhalte, praktische Beispiele werden auf eine allgemeine Rechtsnorm, hier den § 240 StGB bezogen, unter ihn subsumiert. Logisch gesehen handelt es sich um einen juristischen bzw. praktischen **Syllogismus**. Er hat die Grundform:

> a) Alle Mörder sollen bestraft werden.
> b) X ist ein Mörder.
> c) Also: X soll bestraft werden.

In der Debatte um das Für und Wider des zivilen Ungehorsams spiegelt sich zu einem Teil zumindest die Problematik des Freiheitsbegriffs. Freiheit ohne eine gewisse Bindung (hier: Orientierung am Gemeinwohl) verkommt zur individuellen Willkür; Bindung ohne Freiheit (hier: Freiheit des eigenen Gewissens) führt zu unterschiedlichen Formen von Fremdherrschaft und Tyrannei. Den schmalen Grat zwischen diesen Extremen aufzuzeigen, kann ein wichtiges Ziel der Debatte um den zivilen Ungehorsam sein.

Möglicherweise taucht hier auch das Problem des in unserer Verfassung formulierten, aber anders gelagerten Widerstandsrechts auf, Artikel 20 GG:

(1) Die Bundesrepublik Deutschland ist ein demokratischer und sozialer Bundesstaat.
(2) Alle Staatsgewalt geht vom Volke aus. Sie wird vom Volke in Wahlen und Abstimmungen und durch besondere Organe der Gesetzgebung, der vollziehenden Gewalt und der Rechtsprechung ausgeübt.
(3) Die Gesetzgebung ist an die verfassungsmäßige Ordnung, die vollziehende Gewalt und die Rechtsprechung sind an Gesetz und Recht gebunden.
(4) Gegen Jeden, der es unternimmt, diese Ordnung zu beseitigen, haben alle Deutschen das Recht zum Widerstand, wenn andere Abhilfe nicht möglich ist.

Seite 120/121 ## 6. Ungerecht oder gerecht: Was heißt das?

Auf dieser Doppelseite wird die für das Problem der Gerechtigkeit ganz wesentliche Frage nach den Kriterien der Gerechtigkeit problematisiert. Die linke Seite bietet vier unterschiedliche Möglichkeiten, mit den Schülern spontan ihre Vorstellungen von „gerecht" bzw. „ungerecht" zu erarbeiten. Auf der rechten Seite werden dann diese Ergebnisse auf einer abstrakteren, kriteriellen Ebene vertieft.
Der abschließende Text auf S. 121 bringt eine prägnante Formulierung des „moral point of view". Der nicht bloß egoistische Standpunkt nimmt eine weitere Perspektive ein, unter der grundsätzlich das für alle gleichermaßen Gute (Gerechte) angestrebt wird. Es geht also auch um die Verallgemeinerbarkeit von individuellen Urteilen. Die Nähe zur Goldenen Regel wird hier ebenfalls deutlich.

Seite 122/123 ## 7. Platons Vorstellung von Gerechtigkeit

Die Doppelseite soll die bisher gewonnenen Ergebnisse philosophisch vertiefen. Die historische Position Platons dient gewissermaßen als Hintergrundfolie, um die eigenen Vorstellungen zu präzisieren. Gerechtigkeit als Ordnungsprinzip für Individuum und Staat, als ausgewogenes, harmonisches Miteinander, als Maß und Mitte: das sind einzelne Begriffselemente, die mit den Schülern erarbeitet werden können. Die umfassende Parallelisierung (S. 123) von Psychologie (Lehre von den Seelenteilen), Soziologie (Hierarchie der Stände) und Ethik (vier Kardinaltugenden, mit der Gerechtigkeit als Fundament) ist sicherlich nicht einfach zu vermitteln und hängt mit der antiken Poliswelt, in die Platon eingebunden war, zusammen. Möglicherweise lässt sich dieser historische Hintergrund anhand eines Lehrervortrags oder Schülerreferats entsprechend aufhellen.
Die Kallikles-Rede ist ein typisches Beispiel ideologischen Argumentierens. Dabei fällt vor allem die Verwendung des Natur-Begriffs auf.

Seite 122 **Argumentationsskizze: „Das Recht des Stärkeren"**

Die Schwachen
(die große Masse)
verfolgen bloß eigene Interessen und wollen nur das Gleiche haben. Sehen sich von den Starken ungerecht behandelt.

Die Starken
(die Kraftvollen, Fähigen, Besseren)
↓
sehen ihre Vorteile gegenüber den Schwachen als gerecht.
↑
Begründung:
Die Natur zeigt dies; Verweis auf Beispiele in Vergangenheit und Gegenwart.
↑
Von Natur aus sind Mensch und Gesellschaft so eingerichtet.
↑
Ihre Vorteile (Macht/Vermögen) sind also deshalb gerecht, weil sie einem Recht (Gesetz) der Natur entsprechen.

Ein Vergleich mit dem auf S. 117 eingeführten Begriff des Naturrechts bietet sich hier an. Der Begründung des Kallikles liegt außerdem ein naturalistischer Fehlschluss zugrunde: Normatives wird aus deskriptivem So-Sein – Biologie (Beispiel mit dem Löwen) – abgeleitet.

Seite 124/125 **8. Eine moderne Theorie der Gerechtigkeit**

Die Doppelseite behandelt die wohl bedeutendste Gerechtigkeitstheorie des 20. Jahrhunderts. Sie ist klar dreigeteilt:
a) Auftaktelement: Ein Gedankenexperiment
b) Problematisierungsphase: John Rawls' Antwort
c) Transfer und Kritik: Ist unser Schulwesen ungerecht?

Das Beeindruckende an Rawls ist u. a., dass er mit seiner Konstruktion, vor allem der Fiktion der *original situation* mit dem Element des „Schleier des Nichtwissens" (*veil of ignorance*), das Moment der Unparteilichkeit (= Fairness) zum Ausdruck bringt. Wiederum ist es der „moral point of view" mit dem Postulat der Verallgemeinerbarkeit von moralischen Urteilen, die darin zum Ausdruck kommt.

John Rawls' *In a nutshell*
Eine knapp gefasste Orientierung an „Die Theorie der Gerechtigkeit"

Sofern eine Gesellschaft Regeln des Handelns und der Güterverteilung braucht, sofern diese Regeln allgemein gelten und verbindlich sein sollen, muss die Rechtfertigung dieser Regeln darauf abzielen, ihre allgemeine Zustimmungsfähigkeit zu erweisen. Und um diesen Nachweis zu erbringen, macht John Rawls ein Gedankenexperiment: wir werden aufgefordert, uns zu fragen, auf welche Prinzipien der Verteilung sozialer Grundgüter sich wohl die Bürger eines Gemeinwesens einigen würden, wenn sie die unwahrscheinliche Gelegenheit hätten, sich unter fairen Bedingungen eine Verfassung zu geben.
Was aber sind faire Bedingungen? Wir haben gute Gründe anzunehmen, dass beispielsweise Brillenträger niemals einer Verteilungsregel zustimmen würden, die Nicht-Brillenträgern doppelt so viel soziale Grundgüter zuteilt wie Brillenträgern. Damit nun eine Verteilungsregel die erforderliche gemeinsame Zustimmung von Brillenträgern und Nicht-Brillenträgern erhält, muss sie offenkundig die Verteilung der begehrten Güter unabhängig von dem Kriterium des Brillentragens machen. Diese Überlegung lässt sich mühelos verallgemeinern, denn was hinsichtlich des Kriteriums des Brilletragens gilt, gilt hinsichtlich jeder empirischen Bestimmung. Nicht nur die aus der Menschheitsgeschichte einschlägig bekannten Diskriminierungsmerkmale der Rasse, der Ethnizität, der Konfession, des Geschlechts, sondern jedes empirische Merkmal kann in logischer Hinsicht Diskriminierungsrelevanz bekommen und die Gemeinschaft der Bürger in zwei Klassen teilen, in die Klasse der Bevorzugten, die die diskriminierungsrelevante Eigenschaft nicht besitzen, und in die Klasse der Benachteiligten, die die diskriminierungsrelevante Eigenschaft besitzen. Das Ergebnis dieser Überlegung liegt auf der Hand. Fair wird es in dem kontraktualistischen Gedankenexperiment zugehen, wenn durch die Verfassungsentscheidungen niemand bevorzugt oder benachteiligt werden kann. Und genau dann wird die Verfassungswahl keinerlei bevorzugende oder benachteiligende Auswirkungen haben, wenn sie unter einem *Schleier der Unwissenheit* stattfindet. Hinter dieser Bedingung des Schleiers des Nichtwissens steht die folgende einfache und einsichtige Überlegung: wenn jemand Verfassungsprinzipien auszuwählen hat, über sich selbst aber nichts weiß, somit auch nicht feststellen kann, welche der zur Entscheidung stehenden Verfassungsprinzipien für ihn vorteilhaft sein könnten, muss er notgedrungen eine Wahl unter allgemeinen Gesichtspunkten vornehmen. Durch den Schleier der Unwissenheit wird die besondere Individualität zum Schweigen gebracht; seine Textur ist so dicht, dass nur noch die Stimme des Allgemeinen zu vernehmen ist.
Woran aber sollen sich dann die Individuen bei ihren Überlegungen und Entscheidungen orientieren? Nicht an dem, was für sie und möglicherweise für niemanden sonst gut ist, sondern ausschließlich an dem, was für alle und daher auch für sie gut ist, gleichgültig wer sie im einzelnen sein mögen. D. h. die Individuen orientieren sich an generellen Präferenzen oder an den Grundgütern. Sie fragen sich, welche Verteilungsregeln die beste Befriedigung der generellen Präferenzen, die beste Versorgung mit Grundgütern erlaubt. Dazu zählen etwa: das Leben selbst, körperliche Unversehrtheit, Gesundheit, Sicherheit, Grundversorgung mit Lebensmitteln, Kleidung und Wohnung, Handlungsfähigkeit. Von diesen Gütern gilt allgemein, *dass sie nicht alles sind, alles aber ohne sie nichts ist*. Sie besitzen einen Ermöglichungscharakter; ihr Besitz muss vorausgesetzt werden, damit die Individuen ihre Lebensprojekte überhaupt mit einer Aussicht auf Minimalerfolg angehen können.

Fazit: Prinzipien, die die Aufgabe haben, die Grundordnung einer Gesellschaft und damit die Verteilung der gesellschaftlichen Grundgüter zu bestimmen, sind dann gerechte und gerechtfertigte Verteilungsprinzipien, wenn sie mit Grundsätzen identisch sind, auf die sich Menschen in einer fairen Ausgangssituation bei einer Verfassungswahl auf der Basis einer rationalen Entscheidung einigen würden, und das heißt: auf die sich gleiche, freie und rationale, aneinander desinteressierte und hinsichtlich ihrer je individuellen Fähigkeiten, Neigungen, Interessen, gesellschaftlichen Position und Lebensaussichten unwissende Menschen bei einer Verfassungswahl auf der Grundlage einer rationalen, allein dem Selbstinteresse, und das besagt hier: dem Interesse an einem möglichst großen Anteil an den sozialen Grundgütern dienlichen Entscheidung einigen würden.

Seite 124 — Argumentationsskizze: „Was sind faire Grundsätze?"

Menschen, die sich zu einer Gesellschaft zusammenschließen, erstellen eine Gründungsurkunde, in der die Normen eines gerechten Miteinanders festgelegt sind.

↓

Dieser Gründungsakt ist kein tatsächlicher, sondern ein fiktiver: Die Menschen – so stellen wir uns vor – befinden sich in einem Urzustand (*original situation*).

↓

Das Hauptmerkmal dieses Urzustandes ist der „Schleier des Nicht-Wissens": das Wissen der Menschen um ihre soziale Stellung oder persönlichen Eigenschaften und Einstellungen wird ausgeblendet.

↓

Dieses Nichtwissen garantiert die Fairness der vereinbarten Grundsätze. Keiner kann durch die natürlichen Zufälligkeiten oder gesellschaftlichen Umstände benachteiligt werden.

↓

Die Menschen im Urzustand einigen sich auf zwei grundlegende Gerechtigkeitsprinzipien:
a) jeder hat gleiche Rechte und Pflichten und
b) soziale und wirtschaftliche Ungleichheiten sind dann gerecht, wenn sie besonders für die schwächsten Mitglieder der Gesellschaft Vorteile bringen.

Seite 126/127 — 9. Rechte, die dem Menschen als Menschen zustehen

Wie die Überschrift dieser Doppelseite schon anzeigt geht es hier primär um eine Verlängerung des Gerechtigkeitsthemas in Richtung Menschenrechte. Es geht also um Rechte, die dem Menschen, seiner Wesensnatur, seinen Grundbedürfnissen „gerecht" werden, ihm entsprechen, adäquat sind. Das Kernelement der Menschenrechtsidee ist dabei der Würde-Gedanke, die Vorstellung, dass dem einzelnen Menschen als Individuum ein Eigen- und Selbstwert zukommt, der seit Kant als „Würde" bezeichnet ist und in alle demokratisch verfassten Staaten Eingang gefunden hat.

Das BVG argumentiert in Sachen Luftsicherungsgesetz ganz im Sinne Kants und seiner Selbstzweckformel. Menschen dürfen grundsätzlich nicht instrumentalisiert werden. Auch der Text von Fernando Savater (S. 127) nimmt die kantianische Unterscheidung zwischen „Preis" – etwas, das ersetzbar, zähl- und quantifizierbar ist – und „Würde" – eine qualitative Kategorie und ein Synonym für „Wert", der individuell und grundsätzliche Anerkennung bzw. Respekt verlangt, – auf.

Zum Vergleich und zur Vertiefung ein Textauszug aus der „Grundlegung zur Metaphysik der Sitten":

Gesetzt aber, es gäbe etwas, dessen Dasein an sich selbst einen absoluten Wert hat, was, als Zweck an sich selbst, ein Grund bestimmter Gesetze sein könnte, so würde in ihm, und nur in ihm allein, der Grund eines möglichen kategorischen Imperativs, d.i. praktischen Gesetzes, liegen.
Nun sage ich: der Mensch, und überhaupt jedes vernünftige Wesen, existiert als Zweck an sich selbst,
5 nicht bloß als Mittel zum beliebigen Gebrauche für diesen oder jenen Willen... Im Reiche der Zwecke hat alles entweder einen Preis oder eine Würde. Was einen Preis hat, an dessen Stelle kann auch etwas anderes, als Äquivalent, gesetzt werden; was dagegen über allen Preis erhaben ist, mithin kein Äquivalent verstattet, das hat eine Würde.

Was sich auf die allgemeinen menschlichen Neigungen und Bedürfnisse bezieht, hat einen Marktpreis [...] Das aber, was die Bedingung ausmacht, unter der allein etwas Zweck an sich selbst sein kann, hat nicht bloß einen relativen Wert, d.i. einen Preis, sondern einen innern Wert, d.i. Würde.

(Immanuel Kant: Grundlegung zur Metaphysik der Sitten, BA 65 ff.)

Vor diesem Hintergrund ist diese Doppelseite eine kleine Vorbereitung auf das Kapitel „Immanuel Kant" und das kategorisch-deontologische Argumentieren.

Seite 127 **Tafelbild/Begriffsskizze:**

Preis	gegen	**Würde**
Geld, Sache: austauschbar, alle über einen Kamm geschoren; Menschen werden als Waren, Instrumente oder Spielobjekte behandelt.		Wert, Person: nicht austauschbar, ersetzbar; hat individuellen, unverwechselbaren Eigenwert; Menschen dürfen daher nicht instrumentalisiert werden.

Ein Rückgriff und Vergleich mit den Ergebnissen der Doppelseite „Alles, was Recht ist" bietet sich hier an.

Seite 128/129 **10. Geht es hier unfair zu?**

Auf dieser Doppelseite soll anhand von drei Fallanalysen das ethische Argumentieren um Recht und Gerechtigkeit vertiefend geübt werden. Dabei käme es vor allem darauf an, das vorgegebene Schema (Methode: Fallanalyse) durchzuhalten. Es garantiert eine gewisse Struktur und somit Klarheit des Argumentierens und verhindert in der Regel ein Ausufern ins Konfuse und ein bloßes Plakatieren mit Vormeinungen, denen eine zumutbare Begründung fehlt.

Exemplarische Unterrichtsstunde

Seite 120/121 **Ungerecht oder gerecht: Was heißt das?**

Phase	Inhalt	Arbeitsform	Medium
Einstieg	Erfahrungsberichte formulieren, erläutern, analysieren	PA oder GA	Gespräch
Problematisierung 1	Was ist ein „gerechter" Lehrer?	LSG	Fallbeispiele
Problematisierung 2	Ungerechtes Handeln?	PA oder GA	
Problematisierung 3	Was heißt hier ungerecht?		
Vertiefung	Kriterien der Gerechtigkeit		Text
Sicherung	Ein alles entscheidender Perspektivenwechsel; Definitionsversuch	GA	Text

Kompetenzhinweise

Die drei Grundkompetenzen (Ich-/Du-/Es-Kompetenz) lassen sich besonders auf folgenden Doppelseiten entwickeln bzw. vertiefen.

- **Selbstreflexion:** Doppelseite 120/121 „Ungerecht oder gerecht: Was heißt das?"; selbstreflexiv verbalisiert und erläutert der Schüler seine intuitiven Vorstellungen von Gerechtigkeit anhand unterschiedlicher Fallbeispiele.
- **Empathie:** Doppelseite 126/127 „Rechte, die dem Menschen als Menschen zustehen"; es erfordert ein gewisses Maß an Einfühlungsvermögen, den jeweiligen Eigenwert einer Person wahrzunehmen und zu respektieren.
- **Argumentieren:** Doppelseite 110/111 „Alles, was Recht ist"; die Inszenierung einer Gerichtsverhandlung, das begriffsorientierte juristische Argumentieren („Meinungsfreiheit" versus „Menschenwürde") fördert auch das ethische Argumentieren.

Sokrates: Fragen – Reflektieren – Philosophieren

Allgemeine Erläuterungen zur Unterrichtseinheit

In dieser Unterrichtseinheit soll Sokrates, die Gründergestalt der abendländischen Philosophie, ausschnitthaft dargestellt werden. Wie die Überschrift „Fragen – Reflektieren – Philosophieren" andeutet, wird dabei die Art und Weise philosophischen Fragens und Argumentierens im Vordergrund stehen. Die Philosophie gilt hier als eine Disziplin, in der es in erster Linie um eine Klärung von Begriffen und Sprache geht. Der Zweck der Philosophie – so wie es Wittgenstein wohl ganz im Sinne von Sokrates gesehen hat – ist in erster Linie eine logische Klärung von Gedanken. Die Philosophie ist also zunächst keine Lehre, sondern eine Tätigkeit. Auf das Philosophieren kommt es an, weniger auf eine Reproduktion von philosophischen Inhalten. „Das Resultat der Philosophie sind nicht ‚philosophische Sätze', sondern das Klarwerden von Sätzen." (Wittgenstein)

Zum Philosophieren gehört für Sokrates ganz essenziell das Gespräch, der Dialog. Dabei geht es ihm um eine mit begrifflich-analytischen Mitteln vollzogene Selbstklärung und Selbstprüfung bei sich und anderen im Namen der „Tugend". Getreu seinem Motto, wonach ein Leben ohne Selbsterforschung nicht lebenswert sei (Apologie, 37d), ist für ihn das Ziel der Philosophie letztlich kein eigentlich theoretisches, sondern ein ethisches und therapeutisches: Philosophische Rationalität steht im Dienste einer Selbsterkenntnis, ohne die ein wahrhaft menschliches Leben nicht denkbar ist. Nicht Wahrheit an sich ist das Ziel, sondern ein durch Wahrheit und Wahrhaftigkeit gekennzeichnetes gutes Leben. In der Tat sieht sich Sokrates primär nicht als Lehrmeister, der eine Botschaft oder Lehre zu verkünden hat, sondern als Erzieher, und das nicht nur in ironischer Absicht, sondern als authentisches Element seines Selbstverständnisses. Es geht ihm um Denken und Bewusstsein seiner Gesprächspartner, letztlich um sie selbst. Ihr Denken soll durch sokratisches Befragen geläutert werden, um letztlich ihre Person, ihren Charakter zu läutern.

Hier zeigen sich auch die didaktischen Potenziale dieser Unterrichtseinheit. Es geht anhand ausgewählter Inhalte, Texte und Methoden primär um ein Entwickeln und Fördern von

→ problemorientierter Kommunikation (Argumentation),
→ Arbeit an und mit Begriffen (Klärung/Definition) und ganz wesentlich um
→ Selbstreflexivität.

Leitfaden für mögliche Unterrichtssequenzen

Seite 132/133   Auftakt

Anhand von prägnanten Zitaten, Bildelementen und einem historisierenden Text, der eine konkrete Situation auf Augenhöhe simuliert, wird den Schülerinnen und Schülern Gelegenheit gegeben, sich in die antike Poliswelt hineinzufantasieren. Diese kleine Inszenierung verfolgt den Zweck, die Schüler Leitfragen (*advanced organizers*) stellen zulassen, die sie interessieren, die ihnen wichtig erscheinen und mit denen sich der folgende Unterricht zu einem erheblichen Teil antizipieren bzw. strukturieren lässt.

Seite 134/135 | 1. Wer war Sokrates?

Die Doppelseite ist zweigeteilt: auf der linken Hälfte wird die Person Sokrates, sein Leben in wenigen Strichen umrissen; die rechte Hälfte versucht, als Projektarbeit den historisch-kulturellen Hintergrund zu erhellen, vor dem Wirken und Denken des Sokrates wohl erst verständlich werden.

Seite 134/135 | Tafelbild:

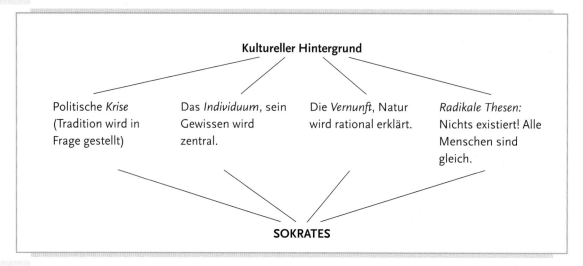

Seite 136/137 | 2. Was ist Tapferkeit? – Ein sokratischer Dialog

Die „Was ist?"-Frage ist die eigentliche Frage des historischen Sokrates. Mit den Mitteln des je eigenen kritischen Denkens sollen seine Gesprächspartner die üblichen Erklärungen oder Interpretationen zu den einzelnen Begriffen hinterfragen und entdecken, wie widersprüchlich und oberflächlich ihre bisherigen Meinungen gewesen sind.
Eine gute Einführung in das Sokratische Gespräch – Situation, Auftakt, Weiterführung und Intention – liefert der sokratische Dialog von Gadamer (s. S. 137).

Seite 136/137 | Argumentationsskizze: „Was ist Tapferkeit?"

1) Formulierung der eigentlichen Problemfrage
2) Erste Antwort des Laches: Tapferkeit = Standhaftigkeit in der Schlacht
3) Rückfrage des Sokrates: Ist die Definition nicht zu eng? Was ist Tapferkeit im Allgemeinen? (Gefahren auf See/Krankheiten/Armut/Triebe, Begierden)
4) Sokrates muss seine Frage präzisieren, weil Laches sie noch nicht versteht.
5) Begriffe sind allgemein, abstrakt und lassen sich so auf unterschiedliche Konkrete Dinge gleichermaßen anwenden (Beispiel: „Geschwindigkeit").
6) Übertragung dieses Beispiels auf die Tapferkeit
7) Zweiter Erklärungsversuch durch Laches: Tapferkeit = eine gewisse Beharrlichkeit der Seele
8) Rückfrage des Sokrates: Ist diese Definition nicht wieder zu eng? Gibt es nicht auch eine Beharrlichkeit im „Unverstand?"
9) Sokrates präzisiert: Tapferkeit = verständige Tapferkeit
10) Rückfrage des Sokrates: Was heißt hier „verständig"? Ist dieser Begriff nicht wieder zu weit und trifft so nicht das Wesen von Tapferkeit? – Die Ausgangsfrage bleibt ungelöst.

Seite 138/139 | 3. Die sokratische Methode: klare Begriffe und überzeugende Gründe

Diese Doppelseite führt die Problematik der vorhergehenden organisch und konsequent weiter. Die Arbeit mit und an Begriffen (Arbeit am Logos!) ist das eigentliche Geschäft philosophischer Reflexion.

Tafelbild:

> **Hinterfragen**
> (= philosophisches Denken)
>
> a) Philosophie: kein dogmatisches Lehrgebäude, sondern eine Praxis des Fragens und Suchens nach klaren, widerspruchsfreien Begriffen.
> b) Sie setzt beim Einzelfall an.
> c) Sie schreitet von da aus zum allgemeinen (abstrakten) Begriff weiter *(regressive Methode)*
> d) Sie hinterfragt, unvoreingenommen vermeintliche Selbstverständlichkeiten, Sprach- und Begriffsregelungen.
>
>
>
> Reflexion

Für einen in sokratischer Manier gehandhabten Umgang mit Begriffen und Gründen mag folgende Zusammenstellung hilfreich sein:

Begründungen beim ethischen Argumentieren rekurrieren auf

→ ein Faktum „weil sie Kurdin ist ..."
→ ein Gefühl „weil ich mich schäme ..."
→ mögliche Folgen „weil sie zu leiden hätten ..."
→ einen Moralkodex „weil man ein Versprechen halten soll ..."
→ moralische Kompetenz „weil der Lehrer so gesagt hat ..."
→ das Gewissen „weil es mir mein Gewissen befiehlt ..."

Hinter dieser Bevorzugung gewisser Gründe beim Argumentieren stecken in nuce entsprechende Moraltheorien; so ist z. B. das konsequente Arbeiten mit möglichen Folgen menschlichen Handelns ein typisches Merkmal konsequentialistischen (utilitaristischen) Argumentierens.

4. Sokrates bleibt sich treu – bis in den Tod

Seite 140–143

Diese Doppelseiten sollen die existenzielle Seite der sokratischen Philosophie ein Stück weit aufzeigen. Es geht nicht nur um theoretisches Abklären von Begriffen und Urteilen, sondern ganz wesentlich um ein konsequentes Praktizieren am eigenen Leibe der als richtig angesehenen Theorie. Philosophie also als eine Denkbewegung, die das eigene Leben verändert und prägt, somit eine Lebensform, eine Art und Weise zu existieren.
Als Einführung in die etwas verschlungene Argumentation des Sokrates soll das Gedankenexperiment („Nehmen wir an", S. 140) dienen.
Für das Verständnis der Rede ist eine hinreichend ausführliche Rekonstruktion des Argumentationsganges sehr nützlich.

Argumentationsskizze: *Seite 140–143*

a) Kriton versucht Sokrates zur Flucht zu überreden:
   Begründung: Unglück/Schande
b) Sokrates formuliert einen Grundsatz seiner Philosophie:
   Stets kritisch zu prüfen, was richtig oder falsch ist.
c) Dabei nur der Vernunft folgen und nicht kritiklos der Menge.
d) Nicht das Leben als solches, sondern nur das gute Leben ist lebenswert.
e) Kein Unrecht tun, noch selbiges zu vergelten und sich an gegebene Versprechen halten: dies als die obersten moralischen Grundsätze.
f) Eine Flucht würde gegen diese Grundsätze verstoßen.
g) Die höchste Achtung verdienen die allgemeinen Gesetze der Polis.
   • Sie garantieren der städtischen Gesellschaft Ordnung und Gerechtigkeit.

- Ihnen verdankt Sokrates seine Erziehung und seine Fähigkeit, ein gutes, auf Vernunft gegründetes Leben zu führen.
- Ihnen gilt sein absoluter Gehorsam, unanhängig von individuellem Glück.

Im Hintergrund steht hier die Lehre von der Unsterblichkeit der Seele. In den frühen Sokratischen Dialogen Platons ist sie noch nicht anzutreffen. In der *Apologie* vertritt Sokrates hinsichtlich der Frage des Schicksals der Seele nach dem Tod eine agnostische Einstellung. Der Tod ist für ihn entweder wie ein langer traumloser Schlaf, der, verglichen mit dem sonst durch Träumen beunruhigten, etwas außerordentlich Schönes ist, oder es gibt ein Totengericht, den Hades, und die Möglichkeit des Gesprächs mit den Heroen der Vorzeit. Auch davor braucht sich ein rechtschaffener Mann nicht zu fürchten. Von einem Beweis der Unsterblichkeit der Seele ist Sokrates freilich weit entfernt.
Die einschlägige Passage aus der Apologie hierfür:

Entweder ist es ein Nichts-Sein, und keinerlei Empfindung mehr haben wir nach dem Tode – oder es ist, wie die Sage geht, irgendeine Versetzung und eine Auswanderung der Seele aus dem Orte hier an einen ändern. Und wenn es keinerlei Empfindung gibt, sondern Schlaf, wie wenn einer schläft und kein Traumbild sieht, dann wäre der Tod ein wundervoller Gewinn.
5 [...] Wenn dagegen der Tod wie eine Auswanderung ist von hier an einen ändern Ort und wenn die Sage wahr ist, dass dort alle Gestorbenen insgesamt weilen, welches Gut wäre dann größer als dieses?
(Plato, Apologie, 40d)

Fazit: Nicht mehr nur die tradierten Ordnungen von Staat und Religion, sondern letztlich das Gewissen des mündigen, seine Einstellungen vernünftig prüfenden Individuums begründet bei Sokrates rechtes Handeln. Dass diese neue Grundlage der Ethik sich nicht gegen staatliche und gesellschaftliche Ordnung überhaupt richtet, zeigt Sokrates' eigenes Verhalten. Er selbst beruft sich auf eine innere göttliche Stimme („Daimonion"). Dies schließt aber keinesfalls aus, dass bei ihm das individuelle Gewissen – wohl zum ersten Mal in der abendländischen Philosophiegeschichte – zur zentralen Instanz ethischen Handelns wird.

Seite 144/145

5. Wir machen uns gemeinsam auf den Weg ...: das Sokratische Gespräch

Diese Doppelseite ist das Herzstück der Sokrates-Einheit. Es geht weniger um Inhalte als um eine Methode eines ethisch-philosophischen Gesprächs. Die didaktisch gemünzte These lautet: Das Gespräch ist zunächst ganz allgemein das Leitmedium des Ethikunterrichts, und im Sokratischen Gespräch können wir das entscheidende Paradigma eines philosophischen Gesprächs sehen. Was auf dieser Doppelseite angeführt und dargestellt wird bedarf einer ständigen Übung und Vertiefung quer durch alle Jahrgangsstufen hindurch. Erst wenn so gewisse Elemente von sokratisch geprägter Fragehaltung und Reflexivität bei den Schülern „ankommen" und ihre eigene Blickrichtung und Argumentierweise profilieren, zeigt der Umgang mit dieser Methode Spuren. Im Sokratischen Gespräch sind die negativen Aspekte des „historischen Sokrates" weitgehend beseitigt. Sokrates stellt in der Regel sehr enge Fragen, auf die sein Gesprächspartner lediglich mit Ja oder Nein antworten konnte. Sein Gesprächsstil mutet an zahlreichen Stellen ziemlich „lehrerzentriert", um nicht zu sagen autoritär an. Die vom Sokratischen Gespräch geforderte Symmetrie der Gesprächspartner ist noch weit entfernt.
Das „Sokratische Paradigma" ist im 20. Jahrhundert vor allem von dem Neukantianer Leonard Nelson („Die Sokratische Methode", 1922) und dem 1996 verstorbenen Gustav Heckmann weiterentwickelt und didaktisiert worden.

Der **Gesprächsprozess** lässt sich in verschiedene Elemente untergliedern:

1) Konkretisierung: Im Konkreten Fuß fassen, konkrete Ausgangsbeispiele

2) Elementarisierung:
- Aufdröseln von Wollknäueln
- Differenzieren
- Weitertreiben der Fragen: kontrastieren/provozieren
- Aufbau einer Frage-Haltung: philosophieren heißt weiterfragen

3) Strukturieren:
- Frage nach den Folgen – aufdecken von Widersprüchen
- Zusammenhänge oder Gemeinsamkeiten aufzeigen
- Übereinstimmungen (Konsens/Dissens) ausloten

4) Verifizieren:
- auf Klarheit und Verständlichkeit achten – den roten Faden nicht verlieren

5) Kritisieren:
- Hinweis auf Argumentationslücken
- Angebote zum methodischen Procedere
- Fragen nach Kriterien von Begriffen und Urteilen

Eine kleine **Impulstypologie**:
Gesprächssteuernde Impulse → für das Führen eines Sokratischen Gesprächs ist es wichtig, an der passenden Stelle den richtigen Frageimpuls setzen zu können.

Ki (= Konkretisierungsimpuls):
- Kannst du ein Beispiel geben?
- Wer hat ähnliche Erfahrungen gemacht?

Ci (Klärungs-/clarification-impulse):
- Wie hast du das gemeint?
- Meinst du etwa, dass ...?
- Folgt aus dem, was du sagst ...?
- Vorhin hast du behauptet, dass ..., jetzt sagst du ...
- Verwickeln wir uns da nicht in einen Widerspruch ...?
Folgt denn A aus B?

Si (= Strukturierungsimpuls):
- Um welche Frage geht es jetzt?
- Wir sollten unterscheiden ...
- Was haben A und B gemeinsam?
- Auf welches Problem stoßen wir hier?
- Sollten wir vielleicht damit weitermachen?
- Worüber sind wir uns einig?
- Wo beginnen die Unterschiede ...?

Bi (= Begründungsimpuls):
- Wie ließe sich das begründen?
- Ich behaupte, das Gegenteil ist richtig.
- Warum meinst du, dass dies kein guter Grund/kein gutes Argument ist?
- Wie könnt ihr eure Thesen begründen?

Vi (= Verifikationsimpuls):
- Hat er/sie dich richtig wiedergegeben?
- Hast du verstanden, was er/sie gerade gesagt hat?
- Könntest du wiederholen, was sie/er soeben gesagt hat?

Seite 146/147 6. Sokrates auf dem Prüfstand

Diese Doppelseite bietet Gelegenheit zu einem kritischen Rückblick. Gewisse Grundbegriffe und Thesen der sokratischen Lehre sollen rückblickend unter die Lupe genommen werden.
Der Text von Nietzsche (S. 146) drückt, wenngleich etwas pathetisch, das „Neue" an der sokratischen Philosophie aus. Die der Vernunft, der Logik (Ursache und Wirkung; Grund und Folge) verpflichtete Gesprächskunst (Dialektik) als Inbegriff der sokratischen „Aufklärung" hebt sich in ihrem kritisch-rationalen und individuellen Grundzug von der vor-sokratischen Epoche ab. Sie zeichnet sich durch autoritäre, „festgestellte" Urteile, Meinungen oder Begriffe aus, die es nicht kritisch zu hinterfragen, sondern einfach zu akzeptieren galt. Ein antithetisches Tafelbild wird der Textstruktur wohl gerecht.
Der Text von Hadot fasst sehr prägnant das Wesentliche zum Sokratischen Gespräch zusammen. Die wesentlichen Punkte sind:

Seite 146   Tafelbild:

> - Selbstreflexivität („sich selbst erkennen"),
> - methodisches Vorgehen („nicht auf schnelle Lösungen, sondern auf den Weg kommt es an"),
> - ein Lob der Langsamkeit („nicht so schnell wie möglich Lösungen finden"),
> - Wahrheitssuche („tatsächlich die Wahrheit finden wollen"), Ernsthaftigkeit, weniger das Wissen, sondern der Erwerb von Grundhaltungen (Fragehaltung/zuhören/sich revidieren; „Der Dialog will eher formen als informieren"),
> - Rationalität („den rationalen Anforderungen sich unterwerfen").

Die kritischen Fragen der weiteren Materialien kreisen um den Rationalismus („Die Rolle der Gefühle", und „Hör auf deine Gefühle", S. 146/7) und den Intellektualismus der sokratischen Philosophie („Richtig Urteilen = Richtig Handeln?" und „Der Platon-Schüler Aristoteles...", S. 147) – die Vorstellung, dass moralisch schlechtes Handeln stets auf Unwissen beruhe.

Für eine kritische Einordnung der sokratischen Philosophie ist folgendes Schema möglicherweise hilfreich. In einem holzschnittartigen Überblick der abendländischen Philosophiegeschichte kann man unterschiedliche Paradigmen unterscheiden:

PARADIGMA	ontologisch	mentalistisch	linguistisch
Zeit	Antike, Mittelalter	Neuzeit, Kant	frühes 20. Jahrhundert
Bereich	Sein	Bewusstsein	Sprache
Gegenstand	Seiendes	Vorstellungen	Sätze
Anfang	Staunen	Zweifel	Konfusion
Grundfrage	Was ist?	Was kann ich wissen?	Was kann ich verstehen?

Im ontologischen Paradigma dominiert ein erkenntnistheoretischer Realismus bzw. Idealismus (Platon). Es gibt Sein und Seiendes objektiv, dieses lässt sich grundsätzlich erkennen und man kann darüber vernünftig reden. Die kopernikanische Wende bei Kant beendete diesen erkenntnistheoretischen Objektivismus. Das erkennende Subjekt trat ganz in den Vordergrund und prägte mit seinen Vorstellungen und Begriffen die zu erkennende Welt. Im 20. Jahrhundert dann glaubte man etwa bei Wittgenstein, dass sich das aufgeklärte Individuum des 18. Jahrhundert übernommen, überschätzt hatte. Die Aufgabe der Philosophie ist somit eine viel bescheidenere: was dem philosophierenden Menschen noch bleibt, ist eine akribische Analyse von Sprache (vgl. „Was ist Philosophie?", S. 139).

Wenn berücksichtigt wird, dass Sokrates dem ontologischen Paradigma zuzuordnen ist, so wird das Zeitgenössische, die typisch antiken Wesenszüge seines Denkens und damit auch deren Unterschied zur Moderne recht deutlich. Trotz aller Beteuerungen, dass er nichts wisse, war er doch davon überzeugt, dass über Begriffe und deren Definitionen ein Durchgriff auf das Wesen der Dinge grundsätzlich möglich ist. Ebenso sicher war er wohl, dass dem gründlich nachdenkenden und in sich hineinhorchendem Menschen die göttliche Stimme des Daimonion eine unmissverständliche Sprache spricht.

Kompetenzhinweise

Selbstreflexivität: „Was ist Tapferkeit?" (S. 136/137). Die Schüler werden sich selbstreflexiv ihrer Vormeinungen, Vorurteile zum Begriff Tapferkeit bewusst und arbeiten an diesen intuitiven Begriffselementen.

Empathie: „Wir machen uns gemeinsam auf den Weg..." (S. 144/45). Ein sorgfältiges, ernsthaftes und bestimmten Regeln folgendes Gespräch verlangt ein gewisses Maß an Einfühlungsvermögen. Die Gesprächsteilnehmer müssen zuhören, aufnehmen und versuchen, die jeweilige Argumentation der anderen zu verstehen.

Argumentation: „Die sokratische Methode" (S. 138/39). Die sokratische Begriffsklärung ist ein Musterbeispiel für begriffsorientiertes, logisches Argumentieren.

Vorschläge für Klassenarbeiten

Beispiel eines Sokratischen Gesprächs:

Das Schiff des Theseus (vgl. S. 149). Ein Sokratisches Gespräch zwischen dem Lehrer, Paul, Marie und Hans:

P: Also, ich finde, es ist dasselbe Schiff, weil es noch gleich aussieht wie früher.
L: Du meinst, es sei dasselbe, weil es gleich aussieht. Was bedeutet überhaupt ‚dasselbe'. Kannst du mir ein Beispiel geben?
P: Na ja, eben genau das gleiche. Marie z. B. hat denselben Füller wie ich: dieselbe Farbe, dasselbe Fabrikat, dieselbe Ausführung.
M: Aber bei meinem ist mein Name eingraviert. Es gibt also doch einen Unterschied!
H: Aber ich habe genau denselben! Er ist absolut identisch mit dem von Paul. Wir haben unsere Füller sogar schon einmal verwechselt!
L: Du meinst, sie seien identisch. Wenn nun der Füller sprechen könnte und sagte: ‚Ich bin der Füller von Hans', und er würde Pauls Füller begegnen, was sagte er?
P: ‚Hallo, du, du siehst ja gleich aus!'
L: Er würde du zu ihm sagen?
P: Natürlich, er ist ja nicht auch ich, es sind ja zwei.
L: Aha.
M: Also, ich glaube, identisch ist etwas nur, wenn es ‚ich' sagen könnte. Wenn ich zum Beispiel zwei Fotos von mir habe, eines mit 5, eines mit 12 Jahren aufgenommen, dann kann ich sagen: Das bin ich, und das bin ich auch. Ich bin jeweils dieselbe Person, ich bin mit mir identisch!
H: Ja, das leuchtet mir ein. Aber du siehst auf den beiden Bildern nicht gleich aus!
M: Klar, ich bin gewachsen, habe Dinge dazu gelernt, habe mich verändert. Trotzdem bin das immer noch ich. Ich habe doch alle Veränderungen aus mir selbst hervorgebracht. Das Schiff wurde nur geflickt!
L: Das Schiff ist also, wenn ich dich richtig verstehe, nicht mehr dasselbe, weil die ausgetauschten Teile von außen dazu kamen, während du noch dieselbe bist wie früher, weil die Veränderungen aus dir heraus sozusagen gewachsen sind?
M: Ja, und außerdem ist ja das Wichtigste, mein Herz, meine Seele, dasselbe geblieben.
S: Das Herz ist auch gewachsen.
M: Stimmt. Aber ich bin doch keine andere Person als früher!
L: Bist du dir sicher?
M: Ja, das hat sich doch alles ganz langsam entwickelt! Und immer ein bisschen ist gleich geblieben!
L: Gleich oder dasselbe?
M: Dasselbe natürlich!
L: Gut. Bei dem Schiff wurden jedoch auch nicht alle Teile auf einmal ersetzt.
H: Also ist das Schiff noch dasselbe? Es würde vielleicht sagen: ‚Eigentlich ist nichts mehr so, wie es war, und nur dieses eine Holzstück hat den Hafen Kretas zurzeit des Minos wirklich noch gesehen, aber.., vielleicht haben die alten Teile den neuen jeweils die Geschichte erzählt, und ...
M: Nein, es ist trotzdem nicht dasselbe! Und, ok, ich sehe ein, dass ich auch nicht mehr genau dieselbe bin. Aber irgendwie ...
P: Ich hab's. Bei dir – und irgendwie auch bei dem Schiff – ist zwischen dem einen Ich und dem nächsten eine Verbindung. Das Schiff ist also nicht ein anderes als früher, aber auch nicht dasselbe. Es ist irgendetwas dazwischen.

Thomas Hobbes – Staat und Moral per Vertrag

Allgemeine Erläuterungen zur Unterrichtseinheit

Wie die Überschrift der Unterrichtseinheit andeutet, geht es im Wesentlichen um zwei Problemaspekte, die zur Darstellung kommen sollen.
1) Thomas Hobbes als der Begründer der neuzeitlichen Staatsphilosophie bzw. des neuzeitlichen Zentralstaates und
2) Thomas Hobbes als kontraktualistischer Begründer moralischer Normen.
Thomas Hobbes hat das philosophische Nachdenken der politischen Moderne geprägt. Die von ihm ausgearbeitete individualistische vertragstheoretische Staatsrechtfertigung ist bis heute das vorherrschende legitimationstheoretische Modell in der politischen Philosophie. Die in ihm logisch verknüpften Elemente des Naturzustandes und des Vertrags bestimmen nachhaltig die gegenwärtigen Diskussionen in der politischen Philosophie, in der Rechts- und der Moralphilosophie. Trotz der dreieinhalb Jahrhunderte, die uns von dem Erscheinungsjahr des Hobbes'schen Meisterwerks, des *Leviathans*, trennen, ist seine politische Philosophie für unsere eigene politisch-philosophische Selbstverständigung immer noch fruchtbar.
Das Modul „Thomas Hobbes" ist somit wohl notwendig für ein hinreichendes Verständnis der Moderne – deren Vorstellung und Legitimation staatlicher Autorität und deren auf individuelle Interessen basierte Moraltheorie.
Hobbes löst mit seiner Lehre das bis dahin gültige staatsphilosophische Modell (Paradigma) des Aristoteles vollkommen ab. Es mag daher hilfreich sein, einen kurzen Vergleich der beiden Paradigmen voranzustellen.
Hobbes entwickelt die erste systematische neuzeitliche politische Philosophie, indem er die analytische Methode Galileis und Descartes' auf den Bereich der Politik überträgt. Seine politische Philosophie ist in allem eine exakte Negation des politischen Aristotelismus:

→ Die *Konfliktanthropologie* löst die *Kooperationsanthropologie* ab: der *Mensch* ist nicht mehr wie bei Aristoteles das zoon politikon, das gemeinschaftsfähige Wesen, sondern lebt in ständigen Konflikten. Es handelt sich um ein asoziales, bindungsloses, aus allen vorgegebenen Natur- und Kosmosordnungen herausgefallenes und allein auf sich und seinen Verstand gestelltes Individuum.

→ Der *mechanistisch-kausale Naturbegriff* ersetzt den *teleologischen Naturbegriff*: bei Aristoteles ist es noch eine teleologisch (griech.: telos = Ziel, Zweck) verfasste, den Lebewesen Zwecke einschreibende Natur, der Naturbegriff der Neuzeit hingegen wird geprägt von den Naturwissenschaften. Es handelt sich um eine empirische, quantifizierbare und dem menschlichen Willen verfügbare Natur.

→ Aus der *substanziellen*, mit der Natur in Übereinstimmung stehenden *Vernunft* wird eine *instrumentelle und strategische Vernunft*: ihr geht es primär darum, Mittel und Wege zu finden, um die nicht weiter hinterfragten Zwecke zu realisieren.

→ Aus einer *Einheit* von *Natur und Politik* wird ein *Gegensatz zwischen Natur und Politik*: bei Hobbes geht es darum, durch die richtige Politik die Gefahren und Untiefen der menschlichen Natur zu überwinden. Bei Aristoteles gehören beide Bereiche eng zusammen: Die Welt der Polis ist gewissermaßen das metaphysische Biotop der menschlichen Natur.

→ Aus einer Theorie des *guten Lebens* wird eine Theorie der *Selbsterhaltung*.

→ Diese elementare Funktion der Selbsterhaltung fällt bei Hobbes dem *Staat* zu. Er wird ganz pragmatisch zu einem nützlichen Instrument und ist nicht mehr eine Einrichtung, der es vor allem um das moralisch gute Leben der Menschen geht.

Schema:

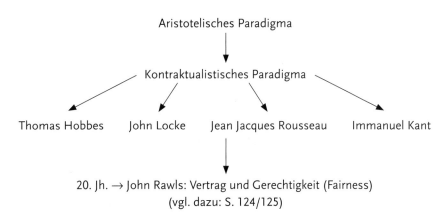

Leitfaden für mögliche Unterrichtssequenzen

Seite 150/151 **Auftakt**

Hobbes' Lehre ist wohl nur dann zu verstehen, wenn man sie konsequent vor dem zeitgenössischen Hintergrund sieht. Dieser war, was die politische Seite betrifft, ganz von den Wirren des englischen Bürgerkriegs bzw. der europäischen Konfessionskriege bestimmt. Schon seine Geburt stand ganz unter dem Eindruck des schreckenerregenden Angriffs der spanischen Armada: „My mother did bring forth Twins at once, both Me, and Fear".
Die Kernbegriffe des Auftakttextes führen gut in die Denkweise von Hobbes ein:

Tafelbild:

> **KRIEG**
> - Eigentliches Übel: Die *Ursachen* von Krieg und Frieden sind unbekannt.
> - *Moralphilosophie:* liefert die Erkenntnis der wahren *Gesetze*, die Kriege verursachen.
> - Es fehlte bisher eine klare, exakte *Methode*.
> - Sie garantiert eine *wissenschaftliche* Morallehre, die Bürgerkriege verhindert.

Diese für die Schüler möglicherweise befremdlichen Äußerungen provozieren weiterführende Fragen, die gewisse Problemstellungen aufzeigen und denen dann der folgende Unterricht nachgehen kann.

Seite 152/153 **1. Thomas Hobbes: sein Leben – seine Zeit**

Diese Doppelseite knüpft organisch an die Auftaktseite an und öffnet den Blick auf den politischen, vor allem kulturellen (wissenschaftlichen) Hintergrund. Sie eignet sich gut für fächerübergreifendes Arbeiten und kann so den Schüler/inne/n vermitteln, mit welcher je unterschiedlichen Fragestellung Methode die einzelnen Fächer ihre Objekte bearbeiten. Dies bedeutet, dass solches Arbeiten nicht nur Wissen und Kenntnisse anhäuft, sondern die methodische Kompetenz der Schüler/innen weiterführen kann.

Tafelbild:

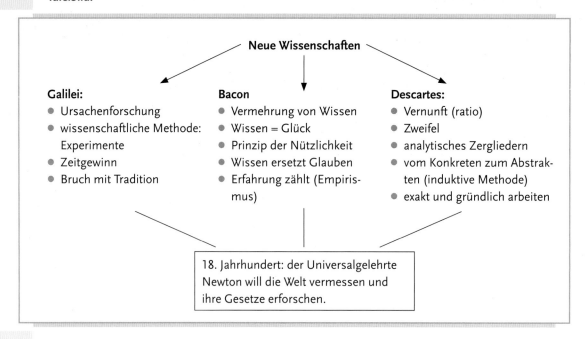

2. Was den Menschen zum „Menschen" macht – Hobbes' Menschenbild

Seite 154/155

Wie wohl jede Moraltheorie, so ruht auch die Lehre von Hobbes auf einem Bild vom Menschen, einer Anthropologie also.

Wichtig dabei ist, wie Hobbes methodisch vorgeht: Er praktiziert hier geradezu exemplarisch die analytische Methode. Komplexes, Zusammengesetztes muss in seine Einzelteile, Elemente zerlegt werden. Nur so ist es in seiner Eigenart zu erkennen. Und nur so lassen sich die Einzelteile neu zusammenbauen, konstruieren, je nach dem Willen des Konstrukteurs. Der Mensch gilt für Hobbes als ein aus körperlichen Teilen zusammengesetzter Mechanismus (Maschine). So wie jedes physikalische System lässt er sich aus dem mechanischen Zusammenwirken seiner Körperteile erklären.

Der Text „Alle Menschen streben nach dem Guten" (S. 155) ist ein Musterbeispiel einer stringenten philosophischen Argumentation. Ein Vergleich mit dem Anfangskapitel (die ersten ca. 25 Zeilen) der Nikomachischen Ethik würde den radikalen Unterschied zwischen Aristoteles und Hobbes aufzeigen. Bei Hobbes herrscht eine völlig anders besetzte Begrifflichkeit vor (vgl. dazu die obigen allgemeinen Erläuterungen zur Unterrichtseinheit).

Seite 155 Tafelbild:

> **„Alle Menschen streben nach dem Guten"**
>
> 1. Schritt:
> *Gut* und *böse* sind keine Bestimmungen oder Werte an sich. *Gut* oder *böse* ist relativ zu Personen, Ort und Zeit. Die Kriterien für *gut* und *böse* sind von Individuum zu Individuum verschieden. Sie sind situationsbedingt.
> 2. Schritt:
> Das höchste *Gut* ist die Selbsterhaltung. Sie ist ein natürliches Streben. Ihr geht es um Leben, Gesundheit, Vermeidung von Leiden, Sicherung der Zukunft.
> 3. Schritt:
> Macht hat instrumentellen Charakter. Sie ist *gut*, wenn sie über die Mittel zur Lebenssicherung verfügt.
> 4. Schritt:
> Freundschaften sind *gut*, wenn sie nützlich sind, also einem bestimmten Zweck dienen.
> 5. Schritt:
> Die höchste Glückseligkeit kann man nicht erreichen. Das Leben ist stetes in Bewegung Sein. Höchstes Glück würde jedoch ein zur Ruhe Kommen bedeuten, also: Tod.
> Diese Thesensequenz lässt sich noch entsprechend dem Methodenkasten (S. 155) feingliedern und präsentieren.

Zusammenfassung: Das mechanistische Menschenbild bei Hobbes
1) Der Mensch ist als Bestandteil der physikalischen Natur partiell den gleichen Gesetzen unterworfen wie alle anderen Dinge.
2) Die inneren Bewegungen (Wünsche, Triebe u. Ä.) sind denselben Prinzipien der Kausalität unterworfen, die auch die physikalischen Körper im Raum bewegen.
3) Dem Begehren bzw. der Ablehnung dessen, was als gut oder böse erscheint, liegen mechanische (kausale) Bewegungsimpulse zugrunde.
4) Es gibt ein oberstes Gut: die *vital motion*, die Bewegung mit dem Ziel der Selbsterhaltung.
5) Die Moral hat die möglichst optimale Selbsterhaltung (*welfare*, Glück) zum Ziel.
6) Die menschliche Glückseligkeit gilt als „Erfolg im Erlangen von Dingen, die man von Zeit zu Zeit begehrt".
7) Die menschliche Freiheit zeigt sich vor allem in einem Vermögen, das richtige Mittel zur Realisierung der Wünsche zu finden.

Seite 156/157 ## 3. Der Naturzustand – ein Gedankenexperiment

Die Doppelseite konzentriert sich auf die Ausgangsprämisse der kontraktualistischen Argumentation bei Hobbes, das Konzept des Naturzustandes. Daneben geht es um eine entsprechende Klärung der Grundbegriffe „Naturrecht" und vor allem des Begriffs der „Vernunft".
Grundsätzlich ist der „Naturzustand" kein historischer, sondern ein fiktiver, ausgedachter Zustand. Es kann allerdings angenommen werden, dass in die Vorstellung Hobbes' von der Wesensnatur des Menschen und seinem Sozialverhalten auch zeitgenössische Erfahrungen (politische Wirren; Konfessionskriege) mit eingeflossen sind.

Seite 156 Tafelbild:

> **Der Naturzustand**
>
> 1) These: Gleichheit der Menschen (körperliche/geistige Kräfte)
> 2) Interessensgegensätze: nur durch Gewalt, List lösbar
> 3) Kampf aller gegen alle: begleitet von ständiger Furcht vor Unterwerfung oder Tod
> 4) Resultat → tausendfaches Elend: wirtschaftlich, gesellschaftlich, kulturell
> 5) Einziger Ausweg: *Vernunft* soll Frieden schaffen und so Sicherheit und Glück bringen.

Was „vernünftiges" Denken in diesem Zusammenhang bedeutet und wozu es führen soll, ist Gegenstand des Textes „Naturrecht und Vernunft: Not lehrt Denken" (S. 157). Dabei ist der Gegensatz zwischen „Naturrecht" und den „natürlichen Gesetzen" zu beachten.

Begriffsskizze:

Naturrecht	**Natürliche Gesetze**
→	←
= Freiheit, zur Selbsterhaltung mit allen beliebigen Mitteln zu kämpfen	• Suche Frieden und jage ihm nach.
	• Allgemeiner Verzicht auf uneingeschränkte Freiheit
	• Alle müssen gleichermaßen verzichten, ohne Vorbehalte.
	• Vertragstreue
Willkürfreiheit gegen	**Vernunft**

Der von jedem geleistete Verzicht auf sein Naturrecht der Freiheit ist vernünftig, weil er nach Hobbes ein taugliches, nützliches Mittel zur Erlangung von Frieden, Wohlfahrt und Glück bedeutet. Das Motiv zum Verzicht ist egoistisch, oder zumindest auf die je eigenen Interessen bedacht. Das eigentliche moralische Moment der Fairness liegt darin, dass sich jeder vernünftigerweise an die allgemeinen Regeln hält und keine besonderen Rechte für sich beansprucht. Hier kommt also ein wesentliches Element von Gleichheit und Wechselseitigkeit zum Ausdruck, wie es sich in der Goldenen Regel niederschlägt.

Die „Vernunft" ist bei Hobbes eine instrumentelle. Sie stellt Mittel parat, reflektiert nicht über substanzielle Zwecke. Sie trifft unter gegebenen Mittel eine kluge Auswahl, aber sie bewertet keine Zwecke, verwirft sie etwa aus Gründen mangelnder Universalisierbarkeit. Zwecke sind dem Menschen bei Hobbes als Bewegungsgesetze eingeschrieben. Aufgabe der Vernunft ist es lediglich, für die Realisierung dieser Zwecke zu sorgen.

Seite 158/159

4. Der Vertrag – ein Akt der praktischen Vernunft

Die kontraktualistische Argumentation wird hier weitergeführt bzw. abgeschlossen. Der Text auf S. 158 stellt die Machtübertragung auf die Institution des Staates dar, die dadurch konstituiert wird. Die analytischen W-Fragen klären diesen entscheidenden Vorgang in seinen Einzelelementen. Zur Illustrierung und visuellen Einprägung dieses idealtypischen und abstrakten Aktes dient das traditionelle Titelblatt des „Leviathan". Um die Argumentationsschritte besonders deutlich werden zu lassen, soll/kann eine Textinszenierung vorgenommen werden (s. Methodenkasten, S. 159).

Tafelbild:

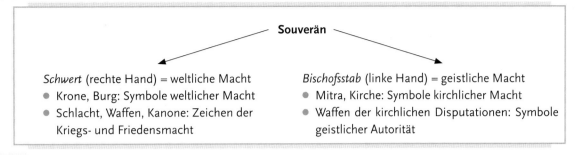

Der Souverän vereinigt in sich weltliche und kirchliche Macht. Das mittelalterliche Mit- oder Gegeneinander der beiden Mächte ist jetzt endgültig vorbei. Der Souverän ordnet sich die Kirche unter. Seine uneingeschränkte Macht und Autorität sollen für Ordnung und Frieden sorgen.

Der geschlossene *Vertrag* ist genau besehen ein Unterwerfungsvertrag. Jeder verspricht jedem, sich der souveränen Macht (Staat) gleichermaßen zu unterwerfen. Alle, die ihm beitreten, tun dies aus einem elementaren Interesse an Frieden und Glück.

Der Hobbessche *Souverän* ist verpflichtet, eine zweckgebundene Herrschaft auszuüben. Seine Aufgabe, ob Monarch oder Versammlung, ergibt sich aus dem Zweck, zu dem er mit der souveränen Gewalt betraut wurde, nämlich der Sorge für die Sicherheit des Volkes. Hierzu ist er kraft natürlichen Gesetzes verpflichtet. Der Souverän ist nur zu solcher Herrschaftsausübung autorisiert, die die Sicherheit des Volkes nicht gefährdet. Nur die Gesetze können Gehorsam beanspruchen, die dieser Sicherungsfunktion entsprechen. Hierin unterscheidet sich der Hobbessche Leviathan von totalitären Staaten moderner Prägung.

Der Souverän hat jedoch, um seinen Aufgaben nachkommen zu können, die rechten Lehren über die Staatsgewalt nach Kräften zu fördern *(Leviathan,* 30. Kapitel). Entgegenstehende, etwa an den Universitäten verbreitete sind zu unterbinden, insbesondere solche Lehren, die unter Berufung auf die Autorität der Kirche in Gerechtigkeitsfragen mitreden wollen, und zwar abweichend von den Staatsgesetzen. Ließe man die Verbreitung solcher Lehren zu, so meint Hobbes, so müsse dies zur Auflösung des Staates führen, da die Menschen infolgedessen aus abergläubischer Furcht vor den ewigen Höllenstrafen dem Fürsten den schuldigen Gehorsam verweigerten (vgl. *Leviathan,* 29. Kapitel).

Seite 160/161

5. Normenbegründung per Vertrag – der Kontraktualismus

Diese Doppelseite stellt den Kontraktualismus als Methode der Normenbegründung dar.

Seite 160   **Tafelbild:**

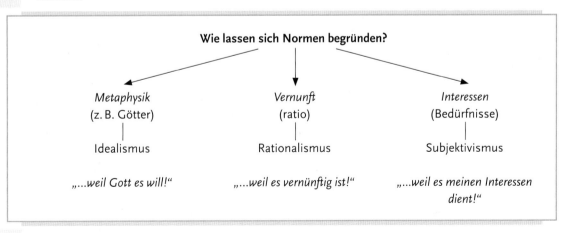

Der Hobbessche Kontraktualismus ähnelt sehr stark jener Argumentation, die Norbert Hoerster zur Begründung seiner Interessenethik vorbringt. Sie soll daher zum Vergleich in einer kurzen Textpassage dargestellt werden.

Warum soll A die Norm n akzeptieren?

Jene Moralnormen, deren Befolgung im vorliegenden zur Debatte stellt, haben ja alle eines gemeinsam: dass sie interessenfundiert intersubjektiv begründet sind.

Ist es plausibel, dass A unter Rationalitätsbedingungen ein Lebensideal hat, das im Ergebnis gerade dazu führt, intersubjektiv begründete sowie sozial geltende Moralnormen zu akzeptieren?

Meine These zur Beantwortung dieser Frage lautet: Das Lebensideal oder ideelle Interesse, das genau zu diesem Ergebnis führt, könnte eine Einstellung der Fairness sein und etwa lauten: „Ich will nicht unfair sein und die Situation eines kooperativen Unternehmens, von dem ich selber profitiere, auf Kosten anderer zu meinem zusätzlichen persönlichen Vorteil ausnutzen." Anders ausgedrückt: „Ich will ein faires Leben und nicht das Leben eines parasitären Trittbrettfahrers führen."

Es ist nun gewiss nicht zwingend, dass Individuen dieses Fairnessideal sich zu eigen gemacht haben und in ihrem Leben verfolgen. Trotzdem zeigt uns die alltägliche Erfahrung mit lebenspraktischen Entscheidungen, Argumentationen und Reaktionen unserer Mitmenschen, dass dieses Ideal nicht wenigen Individuen keineswegs fremd ist, sondern dass es in ihrem Verhalten der Befolgung von Moralnormen durchaus eine Rolle spielt. Ein Individuum kann – jenseits aller typisch egoistischen oder altruistischen Interessen – prinzipiell – ein Interesse ideeller Art an einem bestimmten Weltzustand haben. Wenn dies aber richtig ist, dann kann ein Individuum natürlich auch ein Interesse daran haben, gewisse Normen zu akzeptieren, weil sie der Verwirklichung eines bestimmten selbst gewählten Lebensideals dienen. Wenn es beispielsweise in meinem Interesse liegen kann, dass ich (in Befolgung einer von mir akzeptierten Norm) täglich zwei Stunden auf dem Klavier Etüden übe, um mein Ideal zu erreichen, in drei Jahren etwa die „Mondscheinsonate" spielen zu können, warum sollte es dann nicht in meinem Interesse liegen können, dass ich (ebenfalls in Befolgung von mir akzeptierter Normen) nicht stehle und nicht lüge, um mein Ideal eines fair geführten Lebens verwirklichen zu können?

(Norbert Hoerster: Ethik und Interesse, Reclam 2003, S. 201 ff.) © Philipp Reclam jun. GmbH & Co., Stuttgart

Die einzelnen Begründungsschritte einer interessensethischen Normenbegründung lassen sich noch knapper zusammenfassen.

Argumentationsskizze:

1. Ein rationaler Mensch will überleben.
2. Also will ein rationaler Mensch schon aus wohlverstandenem eigenen Interesse, dass für ihn selber das Recht auf Leben institutionell garantiert ist.
3. Solange das Recht auf Leben nicht für alle menschlichen Wesen mit einem Überlebensinteresse institutionell garantiert ist, ist das Recht auf Leben für niemanden hinreichend garantiert.
4. Also will ein rationaler Mensch, dass mindestens für alle menschlichen Wesen mit einem Überlebensinteresse das Recht auf Leben institutionell garantiert ist.
5. Also ist es moralisch geboten, das Recht auf Leben für alle menschlichen Wesen mit einem Überlebensinteresse institutionell zu garantieren.

Kurzdefinition: Kontraktualismus

Für den Kontraktualismus entstehen Verpflichtungen aus Vereinbarungen (Verträgen, Abmachungen). Normen, Regeln und Institutionen gelten, sofern sie Ergebnis eines hypothetischen oder realen Gesellschaftsvertrages sind. Eine normative Ordnung ist in dieser Ethiktheorie nicht vorgegeben, sondern gilt nur, insofern strategisch-rational eingestellte Akteure sich auf sie einigen können. Die Vertragsparteien räumen einander Rechtstitel ein und übernehmen entsprechende Pflichten.

Kritik:

Der Kontraktualismus als sparsamer Rationalismus (z. B. Hobbes)

Stärken:

1. Er liefert eine auf elementare Interessen fundierte Minimalmoral, z. B. Umweltprobleme, Verwenden von Katalysatoren,
2. kommt einer allgemeinen Vorstellung entgegen, dass Menschen rational eingestellte Egoisten sind.

Schwächen:

1. Zukünftige Generationen kommen als Vertragspartner nicht in Frage.
2. Auch sozial Schwache, z. B. Behinderte, kommen nicht in Frage, da sie keine Gegenleistungen erbringen können.

3. Wenn moralische Regelungen zum Vorteil aller Vertragsschließenden sein müssen, dann sind echte Umverteilungen nicht möglich.
4. Antisoziale Handlungen bleiben mit an Sicherheit grenzender Wahrscheinlichkeit unerkannt und ohne Sanktionen (Trittbrettfahrerproblem).

Seite 162/163 6. Kritik des Hobbes'schen Vertragsmodells

Was auf der vorhergehenden Doppelseite schon angeklungen ist, soll hier fortgesetzt und vertieft werden.

Die **Kritik** setzt an drei Problemaspekten an:
1) Politischer Bereich: Überschätzung der staatlichen Möglichkeiten (z. B. rechtliche Sanktionen). Können Trittbrettfahrer z. B. durch staatliche Sanktionen abgeschreckt werden, oder bedarf es dazu anderer Mittel (z. B. Verachtung, Abbruch der Kommunikation)?
2) Motivationsproblem: schafft ein aus egoistischen Motiven abgeschlossener Vertrag eine echte moralische Gesinnung, die nicht nur die eigenen Interessen, sondern auch die Interessen aller Betroffenen berücksichtigt (z. B. Interesse am Gemeinwohl)?
3) Anthropologie:
   - Ist das Bild vom Menschen nicht zu einseitig, zu pessimistisch?
   - Wird ein omnipotenter Staat dem Bedürfnis nach Freiheit und Kritik der Menschen gerecht?

Auf der rechten Seite der Doppelseite soll das Problem eines Transfers des Hobbes-Modells auf die internationale, globale Ebene angesprochen werden. Es stellt sich also die Frage: hat das, was im 17. Jahrhundert geschehen ist – Etablierung eines starken Zentralstaates als Reaktion auf die Wirren und Unsicherheiten des Konfessionszeitalters – eine Parallele in unserer Gegenwart – trotz deren enorm gewachsener Komplexität? Verlangt die Globalisierung zur Lösung der von ihr hervorgerufenen Probleme (z. B. Umweltprobleme, Verfolgung von Kriegsverbrechern, Regelung der Banken und Finanzmärkte) nicht international agierende Institutionen, die – die nationalen Regierungen ergänzend, unterstützend – für Recht, Sicherheit, Ordnung und Wohlstand sorgen können und sollen? Gibt es eine Chance, international zu vernünftigen gemeinsamen Normen und Verhaltensweisen zu kommen und deren Einhaltung zu garantieren? Oder sind wir einem grenzenlosen Pluralismus ausgesetzt?

Kompetenzhinweise

Selbstreflexion: Die Methode der Textinszenierung gibt den Schülern Gelegenheit, sich über die eigenen Vorstellungen, Wertungen zum Problembereich „Was heißt es, einen Vertrag abzuschließen?" klar zu werden. (S. 158/159)
Argumentation: Den Kontraktualismus als eine Methode der Normenbegründung zu begreifen, fördert gewiss die Argumentationsfähigkeit der Schüler (S. 160/161); nicht minder natürlich dessen Kritik, wie sie auf S. 162/163 vorgenommen wird.

David Hume – Gefühle als Fundament der Moral?

Allgemeine Erläuterungen zur Unterrichtseinheit

Die Position Humes in der Entwicklung der Philosophie des 18. Jahrhunderts lässt sich zusammenfassend am ehesten so umreißen:

→ Seine originäre Leistung ist der Versuch einer systematischen und den Methoden der Naturwissenschaften verpflichteten Wissenschaft vom Menschen. Er versuchte auf empirischem Wege, die „Natur" des Menschen, d. h. die sein Verhalten leitenden Gesetze lückenlos zu erfassen. Zufall und Freiheit in diesem Sinne erscheinen ihm lediglich als Ausdruck eines mangelnden Wissens bezüglich der das Handeln bestimmende Gesetze.

→ Sein großes Vorbild war Newton. Dieser glaubte, durch die Erfassung der Bewegungen auf der Erde und außerhalb der Erde letztendlich alles Naturgeschehen auf einige wenige einfache Gesetze zurückführen zu können. Er stellt so einen genuinen Höhepunkt in der Entwicklung des naturwissenschaftlichen Erkenntnisoptimismus dar.
Es ist daher kein Wunder, dass auch Hume es als Ziel seiner Wissenschaft vom Menschen ansieht, das menschliche Verhalten auf eine kleine Zahl einfachster Ursachen zurückzuführen.

→ Der Kern der theoretischen Philosophie Humes, Erkenntnis auf den unmittelbaren Inhalten der Erfahrung aufzubauen, findet seine Fortsetzung in Humes Ethik. Moralisches Erkennen und Urteilen wird auf einfachste Einheiten, die Eindrücke, zurückgeführt. Und aus dem spezifischen Charakter dieser Impressionen baut sich eine unverwechselbare Theorie der Moral auf.

→ Hume lehnt den moralischen Rationalismus ab und steht den Naturrechtslehren kritisch gegenüber. Die Vernunft allein kann nicht moralisches Handeln bewirken. Der Natur sind keine Werte als rational erkennbare Wahrheiten eingeschrieben. Es gibt überhaupt keine der Natur inhärenten Werte. In diesen Thesen drückt sich Humes antimetaphysische Haltung unmissverständlich aus. Sein Skeptizismus untergräbt auch jeden Versuch einer theologischen Fundierung der Moral.

→ Nicht die Vernunft, sondern Affekte und Gefühle sind nach Hume die herrschenden Elemente im menschlichen Verhalten. Mit seiner Akzentuierung der Affekte, Begehren und Interessen vermag Hume zu verdeutlichen, was Menschen bewegt, die Institution der Moral und ihre Forderungen anzuerkennen.

→ Humes Bild vom Menschen hat zwei Seiten. Einerseits hat menschliches Handeln und Verhalten als wesentliche Triebfeder das je eigene egoistische Selbstinteresse; andererseits jedoch sind Menschen auch wohlwollender und altruistischer Empfindungen fähig. Im Gegensatz zur kantischen Philosophie betont Hume die moralische Bedeutsamkeit der Affekte und Empfindungen. Er schreibt den wohlwollenden Empfindungen moralischen Wert zu. Moral hat für Hume mit den Möglichkeiten und Facetten der menschlichen Natur zu tun. Menschen sind rationale, strategisch kalkulierende Wesen. Sie sind aber auch anteilnehmend, zu Empfindungen und Gefühlen füreinander fähig. Hume sucht nach einer ausgewogenen Position, die weder in nackten Egoismus noch in Sentimentalismus abgleitet.

→ In Humes Werke verbinden sich Elemente der Hobbes'schen Philosophie und der Moral-Sense-Theorie (Shaftesbury, Hutchenson) zu einer einheitlichen Konzeption der Ethik. Die Moral-Sense-Philosophen nehmen einen moralischen Sinn an, der es uns möglich macht, objektive moralische Urteile zu fällen. Desweiteren nehmen sie an, dass wohlwollende Empfindungen in unserer Moral eine fundamentale Rolle spielen. Das Selbstinteresse ist wesentlich für die Einführung der Institutionen der Moral.

Moralische Anerkennung gewinnen die künstlichen Einrichtungen von Recht und Gerechtigkeit wie auch die positiven natürlichen Dispositionen und Empfindungen durch eine am Standard des allgemeinen Wohlergehens orientierte reflektierende Beurteilung.

Schema:

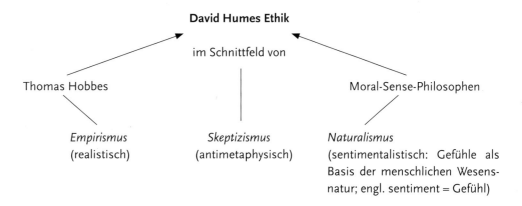

Leitfaden für mögliche Unterrichtssequenzen

Seite 166/167 **Auftakt**

Die Auftaktseite präsentiert in kurzen Zitaten die empirisch-wissenschaftliche und skeptizistische Denkweise Humes. Programmatisch äußert Hume seine Absicht, alle Gebiete der Philosophie auf wissenschaftliche Fundamente zu stellen.

Tafelbild:

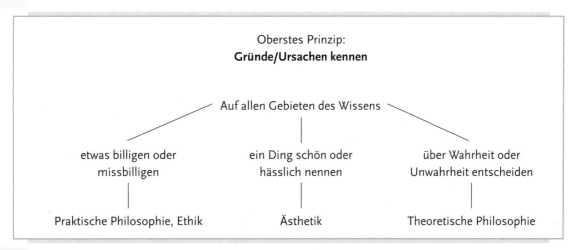

Seite 168/169 **1. David Hume: sein Leben, seine Zeit**

Hume als einen waschechten „Newtonian" darzustellen, und so das Verständnis seiner Ethik zu erleichtern, ist Ziel dieser Doppelseite.
Die Prinzipien des neuzeitlichen, wissenschaftlichen Denkens kommen in Norbert Hoersters Text (S. 169) sehr prägnant zum Ausdruck. Das moderne analytische (zergliedernde) Denken ist mit dem Bild des „Anatomen" – im Gegensatz zum „Maler" – gut zu veranschaulichen („Anatom der menschlichen Natur", S. 169).

Begriffsskizze:

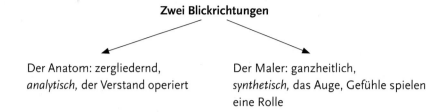

Der Einfluss Newtons auf die philosophische und wissenschaftliche Entwicklung im 18. Jahrhundert lässt sich kaum überschätzen.

David Hume kommt bereits während seiner Ausbildung an der Universität in Edinburgh in Kontakt mit „Newtonians". Edinburgh ist im frühen 18. Jahrhundert neben Newtons Lehrstätte Cambridge das zweite Zentrum des Newtonismus in Großbritannien. Humes Lehrer in den Jahren 1722 bis 1725 – also von seinem zwölften bis zu seinem fünfzehnten Lebensjahr – gehörten überwiegend dieser Schulrichtung an. Man kann ferner annehmen, dass Hume auch schon zu dieser Zeit mit der Philosophie Lockes bekannt gemacht wurde. Er erhielt eine gründliche klassische Hochschulausbildung im Sinne des Ausbildungssystems des 18. Jahrhunderts: Er erlernte die klassischen Sprachen, las die griechischen und lateinischen Autoren; er wurde mit den Fragestellungen der Naturwissenschaften bekannt gemacht, in die Mathematik eingeführt und kam auch zum ersten Mal in Kontakt mit den Problemen der Ethik, und zwar in den Veranstaltungen von Professor William Law. Schließlich gehörte zu seiner Ausbildung auch ein Kurs in Geschichte. Die Geschichte bot für Hume ein schier unermessliches Reservoir an menschlichen Handlungen, Verhaltensweisen und Charakteren. Hume hatte zeitlebens mit der Intoleranz der kirchlichen Kreise Schottlands zu kämpfen. Sein unvoreingenommener aufklärerischer Geist und seine skeptizistische Grundhaltung provozierten massive Kritik und Ablehnung. Er wurde oft des Atheismus beschuldigt. Alle seine Bemühungen, ein akademisches Amt zu erlangen, blieben daher erfolglos.

Seite 170/171 — 2. Auf die Erfahrung kommt es an!

Die Doppelseite will umrisshaft den Empirismus Humes darstellen. Die zentrale erkenntnistheoretische Frage lautet: Wie gelangen wir zu einer Kenntnis kausaler Zusammenhänge?
Humes Antwort ist: Bei den Kausalschlüssen handelt es sich nicht um Schlüsse, die a priori allein durch den Verstand gewonnen werden. Streng genommen besteht für Hume kein logischer Zusammenhang zwischen Ursache und Wirkung, weil es sich dabei um gänzlich verschiedene Vorkommnisse handelt. Was hier einen Zusammenhang zwischen Ereignissen stiftet ist die Gewohnheit (*custom or habit*). Sie ist die große Führerin im menschlichen Leben.
Haben wir nur genügend oft die Erfahrung gemacht, dass erst dieses und dann jenes passiert, so *neigen* wir dazu, wenn wir die Wahrnehmung eines vertrauten Vorkommnisses machen, zu glauben und zu erwarten, dass noch ein ganz bestimmtes anderes Ereignis vorfallen wird. Wir leiten in diesem Fall, wörtlich genommen, nichts ab. Wir überlegen im eigentlichen Sinne nicht, sondern vollziehen den Schritt vom Bekannten zum noch Unbekannten gewissermaßen mechanisch, ohne nachzudenken und wie von selbst. Diese Fähigkeit, durch Gewohnheit oder Übung kognitive Dispositionen auszubilden und auf diese unwillkürliche Weise aus Erfahrung zu lernen, ist für Hume ein Nützlichkeits-Prinzip der menschlichen Natur.
Der von Hume vorgenommene erkenntnistheoretische Perspektivenwechsel („Ein grundlegender Perspektivenwechsel", S. 171) nimmt gewissermaßen die kopernikanische Wende, wie sie dann von Kant ausgebaut wurde, vorweg. Der noch bei Aristoteles („ontologisches Paradigma") vorhandene Glaube an die objektive Existenz einer objektiv erkennbaren Außenwelt ist erschüttert. Erkenntnisse, Gewissheiten werden entscheidend von den Menschen, den Individuen auf eine subjektive Art und Weise konstruiert oder zumindest stark geprägt. An dieser Stelle zeigt sich ganz deutlich Humes erkenntnistheoretischer Skeptizismus.
Vor diesem Hintergrund wird auch Humes grundsätzliche Kritik an Induktions-Schlüssen verständlich. Sie können keine logische Notwendigkeit für sich beanspruchen, da sie lediglich auf punktueller, im Zweifel nicht verallgemeinerungsfähiger subjektiver Erfahrung beruhen. Die Kritik am induktiven Schließen ist vor allem deshalb didaktisch sehr wichtig, weil jedes Vorurteil grundsätzlich ein defizitärer Induktionsschluss darstellt.

Seite 172/173	## 3. Humes Landkarte der Gefühle

Auf der linken Seite der Doppelseite wird der Begriff der Ästhetik – der bei Hume eine große Rolle spielt – induktiv eingeführt. Anhand verschiedener Beispiele soll – möglicherweise in einem sokratischen Gespräch – der Begriff des Geschmacks untersucht werden. Was auf der Doppelseite zuvor schon angesprochen ist, wird hier vertieft („Auf den Betrachter kommt es an"): „Schönheit" liegt nicht draußen, in den einzeln zu beschreibenden Elementen der Gegenstände, sondern im Auge des ganzheitlich wahrnehmenden Betrachters. Die Gegenstände draußen sind gewissermaßen der Anstoß; die eigentliche synthetisierende Kraft liegt jedoch im Individuum, Anmut und Schönheit ergeben sich allein aus den Gefühlen des Betrachters.

Die rechte Seite weitet den Blickwinkel: neben dem Gefühl für „Schönes" sollen andere elementare Gefühle klassifiziert und vor allem deren fundamentale Rolle für Humes Moralphilosophie aufgezeigt werden.

Schema: Moralische Gefühle durchdekliniert

GEFÜHL	Perspektive	Personalpronomen	Performativer Aspekt
Scham, Schuldgefühle	Ich-Perspektive	1. Person	sich vorwerfen
Schmerz, Kränkung	Du-Perspektive	2. Person	einem anderen Vorwerfen
Wut, Empörung	Er-(Sie/Es)-Perspektive	3. Person	verurteilen

Den Text „Gefühle als Angelpunkt der Moral" könnte man stark vereinfacht im Sinne Humes etwa so zusammenfassen: Der Mensch lässt sich in manchen Fällen durch Vernunft überzeugen; bewegt und eigentlich motiviert zu moralischem Handeln wird er durch Gefühle. Der Text verrät ganz deutlich den Einfluss der Moral-Sense-Philosophie auf Hume: „...auf irgendeinen inneren Sinn oder Gefühl beruht." (Z. 25)
Humes Moralphilosophie kreist im engeren Sinne um zwei Grundfragen:
1) Ist es die Vernunft oder sind es die Gefühle, aus denen wir die Kenntnis von dem, was gut oder böse ist, gewinnen? (erkenntnistheoretischer Aspekt)
2) Wie ist die Wesensnatur des Menschen beschaffen? Ist er eher ein selbstinteressiertes (*selfish*) Wesen, oder eher ein Wesen, das sich primär durch Sympathiefähigkeit und Wohlwollen auszeichnet? (anthropologischer Aspekt)

Mit diesen beiden Fragen beschäftigen sich die folgenden Doppelseiten.

Seite 174/175	## 4. Verstand oder Gefühl?

Die Schüler sollen zunächst selbstreflexiv anhand vorgegebener Beispiele abklären, wie Verstand und Gefühl beim moralischen Reflektieren und Argumentieren interagieren.

Begriffsskizze:

Vom ersten Blick bis zum abschließenden Urteil...

Erster Blickkontakt — Erste Eindrücke — Intuitionen — Überlegungen/Argumente → Urteil

Die Frage ist: wie ist das Zusammenspiel von Verstand und Gefühl in den unterschiedlichen Phasen dieser Sequenz?
Im Text „Moral wird viel mehr gefühlt als beurteilt" bringt Hume die entscheidenden Differenzierungen, die Rolle des Verstandes und der Gefühle beim moralischen Handeln betreffend. Seine Hauptthese lässt sich so zusammenfassen: Die Vernunft – gemeint ist hier die theoretische, weniger die praktische Vernunft – reicht nicht auf den Grund moralischen Argumentierens und Handelns. Gleichwohl brauchen wir sie: sie ist im Sinne des reflektierenden Überlegens und Abwägens von Gründen und Konsequenzen auch unter dem Aspekt der Nützlichkeit sehr wohl notwendig für moralisches Urteilen.

Die Vernunft ist nach Hume passiv. Sie ist instrumentell (zweckrational) und zeigt lediglich die Mittel und Wege auf, um bestimmten Affekten und Neigungen zu entsprechen. Moralisches Handeln hingegen beruht auf einem aktiven Prinzip.

Gegen den ethischen Rationalismus, der der Vernunft eine primäre Rolle zuweist, behauptet Hume, dass der Vernunft kein Vorrang vor den Gefühlen zukommen kann. Begründung: Die Vernunft allein kann niemals das Motiv für moralisches Tun und Lassen liefern. Sie kann auf keinen Fall – nach Hume – die Richtung des Willens bestimmen und sie kann sich auch nicht den Affekten entgegenstellen. Der Verstand allein kann dem Willen nicht substanzielle Ziele in Form von tugendhaftem Verhalten vorgeben.

Für eine überdurchschnittlich gute Lerngruppe mag folgender Text eine begriffsorientierte Zusammenfassung der Rolle, die Gefühle in der Moral spielen, sein. Er bietet außerdem die Möglichkeit eines Vergleichs mit Humes Position.

Material 6   Stellenwert moralischer Gefühle

1) Wahrnehmungsfunktion:

Moralische Gefühle bilden die Basis, etwas als moralisch wahrnehmen zu können. Wer blind ist gegenüber moralischen Phänomenen, ist gefühlsblind. Ihm fehlt die Antenne für das Leiden anderer. Und diese Antenne hat offensichtlich mit Sympathie oder Mit-gefühl zu tun.

2) Urteilsfunktion:

Moralische Gefühle geben uns eine Orientierung für die Beurteilung des moralisch relevanten Einzelfalls. Gefühle bilden die Erfahrungsbasis für unsere ersten intuitiven Urteile: Scham- und Schuldgefühle sind die Basis für Selbstvorwürfe; Schmerz und das Gefühl der Kränkung für den Vorwurf gegenüber einer zweiten Person, die mich verletzt; Empörung und Wut für die Verurteilung einer dritten Person, die eine andere verletzt. Moralische Gefühle sind so strukturiert, dass sich in ihnen das System der Personalpronomina spiegelt.

3) Begründungsfunktion:

Moralische Gefühle spielen nicht nur bei der Anwendung moralischer Normen eine wichtige Rolle, sondern auch bei deren Begründung. Mindestens Empathie, also die Fähigkeit, sich über kulturelle Distanzen hinweg in fremde Lebensumstände und Deutungsperspektiven einzufühlen, ist eine emotionale Voraussetzung für eine ideale Rollenübernahme, die von jedem verlangt, die Perspektive aller anderen einzunehmen. Etwas unter dem moralischen Standpunkt (*moral point of view*) zu betrachten heißt, dass wir nicht unsere eigenen Normen zum Maßstab der Beurteilung einer Handlungsweise erheben, sondern deren Verallgemeinerbarkeit auch aus der Perspektive aller anderen prüfen.

In Fragen der Begründung von Normen und deren Anwendung haben die moralischen Gefühle eine unschätzbar wichtige Funktion. Für die Beurteilung der Phänomene, die sie erschließen, können sie jedoch nicht letzte Instanz sein.

(vgl. Volker Pfeifer: Didaktik des Ethikunterrichts, Kohlhammer 2009, S. 232 f.)

Gegenwärtige neurologische Untersuchungen zur Genese und Funktion von Gefühlen scheinen Hume in mancherlei Hinsicht zu bestätigen:

Material 7   Gefühle sind Ausrufezeichen

→ Gefühle sind so etwas wie Ausrufezeichen. Sie melden dem Gehirn, dass Wichtiges passiert. Das Gehirn stößt bestimmte Stoffe aus, die an Nervenzellen andocken. Wird das dem Menschen bewusst, fühlt er sich glücklich, unglücklich oder ängstlich.

→ Furcht und Angst hindern uns, eine schlechte Erfahrung zu wiederholen. Lust und Glück bewirken das Gegenteil. Das Gehirn probiert die Welt aus. Es bewertet alles, was wir tun, nach seinen Konsequenzen. Es speichert, was Lust und was Unlust, Furcht und Angst erzeugt. Wenn etwas gut war, koppelt das Gehirn diese Erfahrung an den Ausstoß von ganz bestimmten Stoffen.

→ Sicher ist, dass bei Entscheidungsprozessen meist nicht die Vernunft, sondern das unbewusste oder bewusste Gefühl die wichtige Rolle spielt. Die Macht der Vernunft wurde lange Zeit überschätzt.

(Nach: Gerhard Roth: Die Macht der Vernunft wird überschätzt, in: Badische Zeitung, 15.5.1999, S. 3)

Seite 176/177

5. Eine Ethik der Sympathie?

Eine Grundfrage zieht sich durch diese Doppelseite: Sind Selbstliebe (*selfishness*) oder Sympathie (*sympathy*) die fundamentalen Triebkräfte der menschlichen Natur? Obgleich Hume in den hier versammelten Texten der Sympathie den Vorrang zu geben scheint, so ist ihm als Empiriker die andere Seite der Medaille stets bewusst.

Belegstellen:
- „[...] obgleich sie selbst kein Gefühl für ihre Schande und nicht das geringste Bewusstsein ihrer Torheit verraten." (S. 176, Z. 19 ff.)
- „Mitgefühl ist [...] weit schwächer als unser Eigeninteresse [...] Und obwohl unser Herz an diesen allgemeinen Begriffen nicht vollständig Anteil nimmt und auch nicht seine Liebes- und Hassgefühle ohne Rücksicht auf das eigene Selbst oder auf uns näher stehende Personen nach den universellen, abstrakten Unterschieden [...] ausrichtet [...]." („Gefühle sozialer machen", S. 177, Z. 1 und 12 ff.)
- „Mag nun auch dieses menschenfreundliche Gefühl im Allgemeinen nicht für so stark gelten [...]." („Das Prinzip Menschenliebe", S. 177, Z. 13 f.)

Tafelbild:

SYMPATHY

- dt.: Mitgefühl/Mitempfinden
- geht weiter und tiefer als „Sympathie"
- kommt dem Begriff der Empathie sehr nahe
- Sie ermöglicht es den Menschen, die Empfindungen Anderer wahrzunehmen, aufzunehmen und zu teilen.
- Sie ist die Grundlage moralischen Urteilens. Sie lässt uns die Empfindungen anderer nacherleben und so beurteilen.
- Sie ermöglicht es so, dass wir uns für andere schämen.
- Sie ist schwächer als unser Eigeninteresse und gegenüber uns nahe stehenden Personen stärker als gegenüber Fremden.
- Sie sichert gemeinsam mit der Einbeziehung allgemeiner Regeln eine gewisse Unparteilichkeit und Objektivierung unserer Überzeugungen. (*moral point of view*)

Das Muster des philosophischen Egoismus hat Thomas Hobbes geliefert. Die Gegenpartei wird vor allem von Anthony Ashley Cooper, Earl of Shaftesbury (1671–1713) vertreten. Er sah in der menschlichen Natur eine tiefe Neigung zu Wohlwollen und Altruismus verwurzelt.

Schema:

HUME
- Mitempfinden (sympathy)
- Wohlwollen (benevolence)
- Menschlichkeit (humanity)
- Eigeninteresse (selfinterest)

HOBBES
Egoismus (selfishness)

SHAFTESBURY
Altruismus (moral sense)

Humes Ausführungen zu einem verallgemeinerten Mitempfinden kommen einem Element typisch utilitaristischer Argumentation sehr nahe: der Figur des unparteiischen Beobachters (z. B. bei Adam Smith oder Jeremy Bentham). Dem Grundsatz der Gleichheit der Interessen folgend versucht dieser, für alle Beteiligten gleichermaßen das Beste zu erreichen.

„Bei moralischen Fragen muss der Mensch von seiner persönlichen, besonderen Lage absehen und einen Standort auswählen, den er mit anderen gemein hat [...]." („Das Prinzip Menschenliebe", S. 177, Z. 1 f.)

Seite 178/179

6. Die Tugend der Gerechtigkeit

Humes Nähe zur utilitaristischen Argumentierweise wird auf dieser Doppelseite noch deutlicher. Sie ist insofern eine gute Einführung in die in S II ausführlicher zu behandelnden Moraltheorien.
Die Thesen Humes zu Recht und Gerechtigkeit lassen sich in folgendem Vorschlag zusammenfassen:

Tafelbild:

> **Recht und Gerechtigkeit nach Hume**
>
> → Das Empfinden für Recht und Gerechtigkeit ist kein natürliches (= entspringt nicht der Wesensnatur des Menschen).
> → Es ist künstlich (= durch Erziehung und Übereinkunft erzeugt);
> → Kooperation ist ein Gebot wechselseitigen Eigennutzes („Ein vernünftiger Egoist kooperiert").
> → Fairness und Gerechtigkeit sind notwendig für den Bestand der Gesellschaft.
> → Versprechen, Treue, Gerechtigkeit oder Wahrhaftigkeit sind „künstliche" Einrichtungen. Sie haben keinen Eigenwert, sondern sind vor allem nützlich für den Bestand der Gesellschaft.
> → Vollkommene Gleichheit zu praktizieren wäre schädlich für die Gesellschaft.

Hume zeigt sich hier als pragmatischer Konsequentialist. Nicht Motive oder Gesinnung (Gesinnungsethik) bestimmen den Wert einer Handlung, sondern allein deren konkrete Folgen (...was dabei herauskommt). Gerechtigkeit ist keine Kardinaltugend von zeitloser Gültigkeit, sondern eine nützliche Veranstaltung von zweckrational eingestellten Akteuren. Wir brauchen sie, um den Bestand einer Gesellschaft zu garantieren. Sie ist allein ein Gebot der Nützlichkeit. Zum Vergleich:

„Die Gerechtigkeit ergibt sich unmittelbar aus dem obersten Prinzip der Moral: sie ist ein Teil der Bedeutung des Nützlichkeitsprinzips oder des Prinzips des größten Glücks."
(aus: John Stuart Mill: Der Utilitarismus. Reclam: Stuttgart 1976, S. 108)

Seite 180/181

7. Tatsachen und Werte: der feine Unterschied zwischen *beschreiben* und *bewerten*

Diese Doppelseite behandelt den für jede Art von ethischem Argumentieren fundamentalen Zusammenhang zwischen Sein und Sollen, zwischen bloßem Sagen, was ist (deskriptive Ebene) und Auffordern zu dem, was sein soll (normative Ebene).

Schema: Zwei Dimensionen – Zwei Sprachspiele

Faktizität	Normativität
SEIN	SOLLEN
Tatsachen	Normen
„So ist es"	„So soll es sein"
Aussagen	Forderungen/Befehle
Genese	Geltung
(wie geworden/entstanden)	(wie wichtig/wertvoll)
natürliche Handlungsantriebe	moralische Handlungsmotive

Normative Sätze können grundsätzlich nicht aus empirischen Sätzen abgeleitet (deduziert) werden. „From is to Ought" gibt es nach Hume keinen direkten Weg. Seit George Edward Moore (1970) wird dafür schlagwortartig der Begriff des „naturalistischen Fehlschlusses" gebraucht.

Definition: Ein naturalistischer Fehlschluss liegt dann vor, wenn ein normativer Schlusssatz ausschließlich aus deskriptiven Sätzen abgeleitet wird, ohne zumindest eine normative Prämisse zu Hilfe zu nehmen.

Beispiel:

> 1) Viele Menschen hinterziehen Steuern.
> 2) Du darfst es auch!

Hier wird direkt aus einem deskriptiven Satz 1) – einer Beschreibung von einer allgemeinen Praxis – auf ein Dürfen bzw. einen normativen Satz 2) geschlossen. Implizit liegt diesem Schluss die normative Prämisse: „Was viele Menschen tun ist richtig" zugrunde. Diese wird aber nicht explizit gemacht. Daher handelt es sich um einen defizitären Schluss. Und darin liegen auch seine Gefahren: er verschweigt die entscheidende Prämisse, über die es zu diskutieren gilt.

Mit anderen Worten: der argumentationslogische Sinn eines naturalistischen Fehlschlusses ist ein ideologiekritischer: der Argumentierende wird gezwungen, seine „eingeschmuggelten" Prämissen deutlich zu machen, um sie diskutieren zu können.

Wichtig ist zu beachten, dass es sich beim naturalistischen Fehlschluss um ein streng logisches Deduzieren handelt. Tatsachen können natürlich in vielerlei Hinsicht für ein ethisches Urteil relevant sein: sie können es bedingen, verdienen Beachtung oder sind eine wichtige Voraussetzung desselben. Beispiel: das Sollen („Du sollst nicht lügen!") ist grundsätzlich nicht aus einem tatsächlichen Können deduzierbar („…weil du es kannst"). Aus der Tatsache, dass ich in der Lage bin, die Wahrheit zu sagen, lässt sich also nicht im streng logischen Sinne die Norm „Du sollst die Wahrheit sagen" ableiten. Sie bedarf einer anderen Begründung. Gleichwohl ist das Können nicht gänzlich irrelevant. Es muss berücksichtigt werden, spielt insoweit eine Rolle. Vom Menschen etwas zu verlangen, wozu er nicht in der Lage ist, – z.B. von einem Nichtschwimmer einen Ertrinkenden zu retten – wäre eine glatte Überforderung und hätte so wenig Sinn.

Es lassen sich grundsätzlich drei Aspekte des naturalistischen Fehlschlusses unterscheiden:
1) Ableitbarkeit vom Sollen aus dem Sein (David Hume): *logischer Aspekt*
2) Definierbarkeit von „gut" durch deskriptive Prädikate; z.B. „gut" durch „natürlich" oder „lustvoll": *definitorischer Aspekt*
3) Wertfreiheit der Naturwissenschaften (Max Weber): *wissenschaftstheoretischer Aspekt*

Faustregel: Immer wenn in einem Text von „natürlich", „normal" oder von „Natur" die Rede ist, könnte – mehr oder minder versteckt – ein naturalistischer Fehlschluss vorliegen. Vor allem gilt es dabei, auf die Art und Weise, wie der Naturbegriff bestimmt und gebracht wird, zu achten.

Natur
- Wenn von der Natur die Rede ist, so liegt in dieser Rede häufig eine normative Entscheidung versteckt, die ihrerseits nicht begründet wird.
- Jeder Rekurs auf eine angebliche Natur des Menschen ist versteckt zirkulär: es wird etwas implizit vorausgesetzt, woraus dann das Normative abgeleitet wird.
- Man tut so, als ob man nur auf etwas Faktisches zurückgreife; in Wirklichkeit wird jedoch etwas Normatives vorausgesetzt (z.B. Homosexualität ist „unnatürlich").
- Mit solchen Argumentationen lässt sich alles und jedes als unmoralisch erweisen, wenn man nur vorher die **Natur** entsprechend definiert hat.

(Nach: Ernst Tugendhat: Vorlesungen über Ethik, Suhrkamp 1993, S. 71)

Seite 182/183 — 8. David Hume auf dem Prüfstand

Der Text „Aufklärung des Menschen über sich selbst" bringt eine konzise, begriffsorientierte Zusammenfassung der Position Humes.

Stichworte:
- Experimentelle Methode
- Naturalismus versus Idealismus
- Realismus (*facts and observation*)
- Funktionalität (Nützlichkeit) der Gerechtigkeit
- Moral-Sense-Philosophie
- Rolle der Affekte
- Instrumentelle Rationalität

Die verbleibenden vier Textausschnitte kreisen um einzelne Aspekte einer von Seiten des Rationalismus vorgebrachten Kritik an Hume.
1) Sokratisch: Bändigung und Beherrschung der Leidenschaften („Aufklärung bedeutet...")
2) Kritisch-rational: Die Vernunft ist nicht die Sklavin der Leidenschaft („Bändigt Vernunft Leidenschaft?")
3) Lebenspraktisch: Humes Lebensplan zeigt Rolle einer ordnenden Vernunft („Ein Widerspruch?")
4) Rationalismus Kants: praktische Vernunft versus instrumentelle Vernunft („Eine rationalistische Gegenposition")

Exemplarische Unterrichtsstunde

Seite 174/175

Verstand oder Gefühl?

Phase	Inhalt	Arbeitsform	Medium
Einstieg	Fünf Situationen: Wie reagiere ich spontan?	EA, PA, LSG	Fallbeispiele
Problematisierung (1)	Reflexion über die Rolle von Verstand und Gefühl	LSG	Arbeitspapier
Problematisierung (2)	Getrennte Bereiche für Verstand und Gefühl	EA, GA	Text
Sicherung (1)	Erstellen einer Tabelle	GA	Schema
Sicherung (2)	Bildinterpretation/ Vergleich mit Hume	PA / GA	Bild

Literaturhinweise

Zur Bearbeitung der Unterrichtseinheiten „Sokrates, Hobbes und Hume" seien folgende Titel abschließend empfohlen:

Philosophiegeschichten:
- Spierling, Volker: Kleine Geschichte der Philosophie. 50 Porträts von der Antike bis zur Gegenwart. Piper 1992
- Steenblock, Volker: Kleine Philosophiegeschichte, Reclam 2006

Empfehlenswerte Nachschlagewerke:
- Der Brockhaus: Die Philosophie. Ideen, Denker und Begriffe, Brockhaus 2004
- Schülerduden: Die Philosophie, Duden 1985

Einführungen:
- Gaarder, Jostein: Sofies Welt. Ein Roman über die Geschichte der Philosophie, Hanser 1993
- Osborne, Richard: Philosophie. Eine Bildergeschichte für Einsteiger, Fink 1996
- Simon-Schaefer, Roland: Kleine Philosophie für Berenike, Reclam 1997
- Weischedel, Wilhelm: Die philosophische Hintertreppe. Die großen Philosophen in Alltag und Denken, dtv 1998
- Wittschier, Michael: Abenteuer Philosophie. Ein Schnellkurs für Einsteiger, Piper 1996

Speziell zu Sokrates:
- Hadot, Piere: Philosophie als Lebensform. Fischer 1991
- Martin, Gottfried: Sokrates. rororo Bildmonographien 1985
- Pleger, Wolfgang: Sokrates. Rowohlt 1998

Speziell zu Hobbes:
- Kersting, Wolfgang: Thomas Hobbes. Junius 2002
- Ders. (Hg.): Leviathan. Akademie Verlag 1996

Speziell zu Hume:
- Kulenkampff, Jens: David Hume. Beck 1989
- Streminger, Gerhard: David Hume. Sein Leben und sein Werk. Schöningh 1995

Freiheit in Verantwortung

Allgemeine Erläuterungen zur Unterrichtseinheit

Das komplexe Thema Freiheit wird hier auf einer mittleren Stufe behandelt. Im Unterschied zum ersten Durchgang in den Jahrgangsstufen 7 und 8 wird nun durch die Einführung philosophischer Originaltexte ein weit höheres Abstraktionsniveau erreicht. Außerdem wird eine große Vielfalt von Einzelbereichen des Themas abgedeckt. Damit soll auch Interesse für die differenziertere Behandlung in der Kursstufe geweckt werden, jedoch ohne dieser etwas vorwegzunehmen.

Es handelt sich hier im Grunde um das zentrale Thema der Ethik. Wenn es keine Freiheit und damit keine Verantwortung gibt, wird jeder Ethik die Grundlage entzogen. Somit gründet sich jede Ethik auf das Axiom der Freiheit. Daher ist die jüngste Debatte um die Bemühung einiger Neurobiologen, Freiheit durch lückenlose Bestimmung unserer Denkvorgänge und Entscheidungen durch Hirnprozesse aufzuheben, von radikaler philosophischer Relevanz. Allerdings – das wird die Behandlung des Themas zeigen – ist die grundsätzliche Infragestellung von Freiheit keineswegs neu. Deterministische Theorien ziehen sich von Beginn an durch die Geistesgeschichte. Denn es kann kein Zweifel daran sein, dass der Mensch determinierenden Einflüssen ausgesetzt ist. Die Frage kann nur lauten, ob solche Determination Freiheit völlig ausschließt.

Eine Antwort auf diese Frage ist bereits möglich, ohne dass der komplexe Freiheitsbegriff in allen Feinheiten ausgelotet wird. Es geht auf dieser Stufe zunächst um einen phänomenologischen Zugang über das Freiheitserleben, dann um eine vorläufige Begriffsklärung, eine Übersicht über determinierende Faktoren, die Unterscheidung von Handlungs- und Willensfreiheit sowie die Zurechnung von Schuld und Verantwortung.

Leitfaden für mögliche Unterrichtssequenzen

Seite 186/187 | Auftakt

Zum Einstieg in das Thema wird das Freiheitsgefühl beschworen, das sich beispielsweise mit bestimmten Bildern, Liedern und sonstigen Erlebnissen verbindet. Musik kann ein mächtiger Auslöser sein, deshalb empfiehlt sich das gemeinsame Hören eines Liedes, das für Jugendliche ein Freiheitsgefühl ausdrückt. Neben dem vorgeschlagenen Titel von R. Kelly können ebenso Vorschläge, die aus der Gruppe kommen, aufgegriffen werden.

Der Einstieg kann auch über eine Fantasiereise erfolgen. Hier ein Beispiel:

Ich sitze auf meinem Stuhl, entspannt und gerade, nichts beengt oder bedrückt mich. Meine Hände liegen leicht und entspannt auf meinen Oberschenkeln. Mein Atem fließt ganz ruhig. Ich schließe die Augen, atme ruhig weiter, mit jedem Ausatmen werde ich leichter und leichter. Mein Körper hebt sich von meinem Stuhl, schwerelos, schwebt über dem Boden, hebt sich, nur von meinem Willen gesteuert, dem Licht entgegen, das durch das offene Fenster dringt. Ich schwebe durch das Fenster, steige höher und höher, erhebe mich über die Häuser, schaue herunter auf die Dächer und lasse sie schließlich hinter mir, steuere meinen Körper hinaus ins Freie, über Bäume, Wiesen, Felder ins Blaue. Unter mir wird alles klein, der Alltag, die Probleme, sie werden immer kleiner und lösen sich schließlich auf in blaue Luft. Ich spüre meinen Körper, bewege ihn in der kühlen Luft, und jede Bewegung fühlt sich leicht und gut an. Ich strecke alle meine Glieder aus, ein Ton löst sich aus meinem Körper, breitet sich aus, schwillt an und wird zu einem Freudenschrei: Freude über meinen Körper, über die Schönheit um mich herum, die starken Gefühle, die vielen Möglichkeiten, die vor mir liegen und auf mich warten ... und plötzlich will ich zurück zu dem, was da auf mich wartet, zurück auf den Boden, zu dem, was nun im Landeanflug größer wird und näher kommt ... und ich lande sanft auf dem Boden, auf meinem Stuhl und öffne die Augen...

Im Anschluss an diese Erfahrung werden nun die Schüler/innen zu einem Brainstorming eingeladen, in dem sie ihre Ideen zum Thema Freiheit auf einem Blatt festhalten. Die Stichworte werden dann ausgetauscht, geordnet und auf einem Plakat oder der Tafel als eine Art Masterplan für das Thema Freiheit festgehalten.

Seite 188–191   1. Freiheit ohne Grenzen?
2. Freiheit wovon? – Freiheit wozu?

Zunächst werden Konzepte zur Diskussion gestellt, die eine möglichst grenzenlose Freiheit zum Ziel haben: A.S. Neills Theorie der antiautoritären Erziehung sowie die Zielsetzung der Love Parade, die sich gerade durch den Verzicht auf gemeinsame Ziele bestimmt: „Anything goes".

Das Konzept der antiautoritären Erziehung stößt bei Schüler/innen/n aller Altersstufen auf großes Interesse und kann daher eingehender behandelt werden, beispielsweise eingeleitet oder vertieft durch Referate. Die Lesbarkeit von A.S. Neills berühmtem Buch „Theorie und Praxis der antiautoritären Erziehung" auch schon für 15–16-Jährige kommt dem entgegen. Dabei wird den Schüler/innen/n sehr schnell deutlich werden, dass die Freiheit von Summerhill keineswegs grenzenlos ist. Die Frage nach den Grenzen der Freiheit wird immer konkreter.

Eine sehr nachvollziehbare Begründung der notwendigen Einschränkung von Freiheit liefert der Text von John Stuart Mill, der auch eine gute Argumentationsübung darstellt.

Seite 189   Argumentationsskizze: John Stuart Mill: Freiheit und Individualität

- Individuelle Meinungen dürfen nicht unterdrückt werden, weder durch Mehrheit noch durch Macht.
- Handlungsfreiheit kann nicht so weit gehen wie Meinungsfreiheit.
- Auch Meinungen können handlungswirksam werden (beispielsweise als Aufwiegelung zu einer Straftat) – dann dürfen sie nicht frei geäußert werden.
- Die Freiheit des Einzelnen darf nicht andere belästigen.
- Menschen sind unvollkommen: können nicht alle Seiten der Wahrheit erkennen.

Fazit: Meinungsverschiedenheiten sind vorteilhaft, da unterschiedliche Meinungen einander zu einem umfassenden Bild ergänzen.

Die Seite 190 erweitert die Einsicht in die Begrenztheit von Freiheit durch die etymologische Analyse des Begriffs, die ihn deutlich von Begriffen wie „Willkür" und „Beliebigkeit" abgrenzt. Eine neue Definition des Freiheitsbegriffs könnte zum Beispiel lauten: „freiwillige Bindung an das, was mir lieb und wert ist". In diese Richtung geht auch die Unterscheidung von positivem und negativem Freiheitsbegriff. Hier ist darauf zu achten, dass „positiv" und „negativ" hier nicht wertend gebraucht sind, sondern im Sinn von: „Freiheit *zu* dem, was ich wähle" bzw. „Freiheit *von* dem, was mich einschränkt".

Seite 192–195   3. Was uns unfrei macht

Dieser Abschnitt lässt sich sehr gut in arbeitsteiliger Gruppenarbeit bearbeiten. Vermutlich wird es nötig sein, die Materialien des Buchs durch aktuelle zu ergänzen. Möglich sind auch Referate.

Zum Einstieg eignet sich die freie Assoziation von Begriffen zum Thema: „Was mich einschränkt...". Diese werden zunächst in Einzelarbeit aufgeschrieben, dann gesammelt und geordnet nach folgenden Kriterien:

- biologische Einschränkungen
- soziale
- kulturelle
- sonstige Einschränkungen

Die kreative Aufgabe 9 auf S. 194 zur Genmanipulation dürfte eine eigene Stunde benötigen. Dieser Aufwand ist in kreativen Gruppen jedoch gerechtfertigt, weil sowohl der Lerneffekt als auch der Spaßfaktor hier besonders zur Geltung kommen.

Hier eine mögliche Lösung der Aufgabe:

Wir designen unser Baby

Arzt: Ich darf also zusammenfassen: Kind: weiblich
Augenfarbe: aquamarin dunkel
Haarfarbe: tizian
Hauttyp: apricot
Wir kommen nun zu den internen Merkmalen. Zunächst der Intelligenztyp. Da würde ich auf keinen Fall sparen. Unsere Kinder sind schließlich unsere Zukunft. Ich empfehle Ihnen das A-Modell mit mathematisch-naturwissenschaftlicher Ausrichtung.

Mann: Nein, nein. Meine Tochter soll mal Klavier spielen. Violine vielleicht. Und natürlich Ballettunterricht.

Arzt: Also dann das D-Modell: musisch-kreativ. Im Hinblick auf die berufliche Laufbahn muss ich allerdings ...

Frau: Nein, was soll sie denn damit anfangen. Brotlose Künstlerin, oder was? Nein, nicht unsere Tochter. Wie war das nochmal mit dem A-Modell? Ich wollte schon immer mal den Nobelpreis für Chemie in der Familie.

Mann: Aber Klavier spielen soll sie trotzdem.

Arzt: Wir kommen dann zu den sogenannten Charaktermerkmalen. Haben Sie sich darüber schon Gedanken gemacht?

Frau: Nein, also, offen gestanden ... Was nehmen die Leute denn da so?

Arzt: Besonders gefragt sind Ehrgeiz, Belastbarkeit, Disziplin ...

Mann: Also, meine Tochter soll nicht nur an sich denken.

Arzt: Soziale Kompetenz wird in der letzten Zeit gelegentlich wieder nachgefragt. Wir haben sie deswegen neu in unser Programm aufgenommen. Allerdings würde ich dann zur Korrektur den Ehrgeizanteil etwas verstärken.

Mann: Wenn ich mir das recht überlege: Höhere Schule, Klavier, Ballett, Studium, Doktorarbeit – was meinst du, Liebling: Wird das nicht im Moment ein bisschen viel – finanziell gesehen?

Frau: Ich glaube, du hast recht, Liebling. Wir sollten das vielleicht noch ein bisschen zurückstellen. Vielen Dank für Ihre Auskünfte, Herr Doktor, aber ich glaube, wir gehen doch zuerst mal zum Hundegenomdesigner.

Die Podiumsdiskussion, die am Ende des Abschnitts vorgeschlagen wird, könnte auch als gemeinsames Projekt z. B. mit dem Biologieunterricht geplant und durchgeführt werden.

Seite 198–201

5. Wann handeln wir frei?
6. Wie entsteht der eigene Wille?

Dieser Abschnitt bildet den philosophischen Kern der Unterrichtseinheit und stellt die größten Anforderungen an Abstraktionsvermögen und Bereitschaft zu gründlicher Begriffsarbeit bei den Schüler/innen/n. Es wäre daher günstig, ihn in einer arbeitsintensiven Phase des Schuljahrs – vielleicht mit dem Ziel einer Klassenarbeit – zu behandeln (siehe Vorschläge für Klassenarbeiten).
Der Text von Aristoteles lohnt die eingehende Behandlung nicht nur wegen seiner inhaltlichen Relevanz, sondern auch als effektive Einübung ins Argumentieren.

Seite 198

Argumentationsskizze: Aristoteles: Freiwillig oder unfreiwillig?

- Unfreiwillig: aus Zwang (gewaltsam) und Unwissenheit
  - Zwang: bewegendes Prinzip kommt von außen
  - Handeln aus Unwissenheit in jedem Fall „nicht freiwillig", „unfreiwillig" nur dann, wenn es hinterher bedauert wird
- Freiwillig:
  - bewegendes Prinzip im Handelnden selbst
  - volles Wissen von den Einzelumständen der Handlung
- **aber auch:** Handeln aus Zorn und Begierde (= Affekt) **ist freiwillig.**

Begründung (durch indirekte Beweisführung):
1) Ansonsten könnten Tiere und Kinder niemals freiwillig handeln.
2) Begierde und Zorn als Entschuldigung anzuführen ist „lächerlich", da diese Affekte auch gutes Handeln bewirken können (z. B. Gesundheit und Wissen begehren bzw. über Ungerechtigkeit zornig werden).
3) Unfreiwilliges Handeln führt zu Bedauern, Handeln aus Begierde führt aber zu Lust, ist daher nach Aristoteles' Definition (siehe oben) nicht unfreiwillig.
4) Falsches Handeln ist zu vermeiden, ob es nun aus „bewusster Überlegung" oder aus einer „Gemütserregung" erfolgt. Auch die „irrationalen Strebungen" gehören zur „Menschennatur". (>Wir sind dafür verantwortlich.)

Zum Einstieg in den Text von Michael Pauen (S. 198/199) ist es vielleicht hilfreich, das Bild von Klaus Biehler zu betrachten. Denn hierbei könnten bereits Begriffe auftauchen, die im Text reflektiert und analysiert werden, z. B.: Entscheidung, Zufall, Selbstbestimmung...

Das Glossar, das die Schüler/innen im Anschluss an die Textlektüre anlegen sollen, könnte beispielsweise so aussehen:
- Determination: zwangsläufige Bestimmtheit durch vorgegebene Faktoren, z. B. biologische oder soziokulturelle
- Autonomie (aus dem Griechischen): Selbstbestimmung als Eigenschaft einer Person; Fähigkeit, eigene Urteile zu fällen und ihr Leben nach eigenen Vorstellungen zu gestalten
- Zufall: Geschehen oder Handlung nicht durch Willen einer Person bestimmt
- Urheberschaft: Wille der Person bewirkt die Handlung
- Verantwortung: Handlung wird der Person zugerechnet, sie muss dafür Rechenschaft ablegen

Die nächste Doppelseite thematisiert den Begriff der Willensfreiheit zunächst mittels des schwierigen, aber sehr aufschlussreichen Texts von Ernst Tugendhat.
Die Grundgedanken des Textes sind folgende:

Seite 200   **Tafelbild: Ernst Tugendhat: Was ist der freie Wille?**

- Tun können, was ich will, ist nicht Willens-, sondern Handlungsfreiheit.
- Ein Willensakt kann nicht aus dem Nichts entstehen: Er muss beispielsweise gehirnphysiologisch oder psychologisch begründet sein.
- Wir sprechen von Willensfreiheit, wenn wir uns die Verantwortung für unsere Willensakte zuschreiben.
- Das ist nur dann sinnvoll, wenn wir unsere Willensakte kontrollieren können, d. h. entscheiden können, ob wir unseren Wünschen nachgeben oder nicht.
- Bei Tieren und kleinen Kindern ist es nicht sinnvoll, von Willensfreiheit zu sprechen.

Seite 202–205

7. Verantwortlich – Wer? Wofür? Warum?
8. Handeln zugunsten anderer

In zwei kurzen Texten aus Hans Jonas' wegweisendem Buch „Das Prinzip Verantwortung" wird hier sein Verantwortungsbegriff in Grundzügen eingeführt. Es empfiehlt es sich dabei, nach eingehender Lektüre der Texte ihre Grundgedanken gemeinsam in einem **Tafelbild** festzuhalten; dieses könnte so aussehen:

Seite 202

Hans Jonas: Verantwortung

- Anthropologische Voraussetzung: Abhängigkeit des Menschen (seine Bedürftigkeit, Verletzlichkeit)
- Urbegriff: elterliche Fürsorge
- Gegenstand: alles Lebendige
- Träger: der Mensch (das moralische Wesen)
- Bedingung für Verantwortung: kausale Macht (Macht, etwas zu verursachen)
- → Verantwortung für die Folgen meines Handelns im rechtlichen Sinn, auch wenn sie weder vorausgesehen noch beabsichtigt waren, jedoch muss die Zuschreibung eindeutig sein.

Das Problem der Grenzen von Verantwortung, das sich im Anschluss an den letzten Text sehr deutlich stellt, wird in folgenden Texten thematisiert:

Material 8 Grenzen der Verantwortung

Unsere sittliche Verantwortung ist nur dann konkret, bestimmt und nicht beliebig manipulierbar, wenn sie zugleich begrenzt ist, das heißt, wenn wir nicht davon ausgehen, wir müssten jeweils die Gesamtheit der Folgen jeder Handlung und jeder Unterlassung verantworten. Nur unter dieser Voraussetzung lässt sich überhaupt der Begriff ‚Unterlassung' definieren. Schuldhafte Unterlassung ist
5 die Unterlassung von etwas, was ich hätte tun müssen. Wenn wir in jedem Augenblick alles verantworten müssten, was wir in diesem Augenblick nicht tun; wenn wir bei jeder Handlung alle alternativen Handlungsmöglichkeiten prüfen und die beste wählen müssten, wären wir vollständig überfordert.
Wieweit tatsächlich die Verantwortlichkeit des Handelnden jeweils reicht, das zu bestimmen, wäre
10 sehr weitläufig. Die des Arztes zum Beispiel ist begrenzter als die des Politikers, dem zugemutet und erlaubt werden muss, sehr weitreichende und komplexe Folgezusammenhänge zu bedenken. Aber auch dessen Pflicht der Optimierung bezieht sich in erster Linie auf das Territorium, für das er die reale Verantwortung trägt. Für andere Länder und Völker hat er nicht in dem Sinne zu sorgen, dass er das Beste für sie tut. Ihnen gegenüber hat er die Pflicht der Gerechtigkeit.

(Robert Spaeman: Grenzen der Verantwortung, in: Moralische Grundbegriffe, Beck Verlag 2004, S. 70 f.)

1. Grenze die Begriffe Verantwortung und Schuld voneinander ab.

Material 9 Verpflichtung zu helfen?

Der Weg von der Bibliothek meiner Universität zum Hörsaalgebäude der Geisteswissenschaften führt an einem flachen Zierteich vorbei. Angenommen, ich bemerke auf meinem Weg zur Vorlesung, dass ein kleines Kind hineingefallen ist und Gefahr läuft zu ertrinken. Würde irgendwer bestreiten, dass ich hineinwaten und das Kind herausziehen sollte? Dies würde zwar bedeuten, dass ich mir die Klei-
5 dung beschmutze und meine Vorlesung entweder absagen oder verschieben muss, bis ich etwas Trockenes zum Anziehen finde; aber verglichen mit dem vermeidbaren Tod eines Kindes wäre das unbedeutend. Ein plausibles Prinzip zur Stützung des Urteils, dass ich das Kind retten sollte, lautet folgendermaßen: Wenn es in unserer Macht steht, etwas Schreckliches zu verhindern, ohne dass dabei etwas von vergleichbarer moralischer Bedeutung geopfert wird, dann sollten wir es tun. Dieses
10 Prinzip scheint unumstritten zu sein. [...]
Der Anschein, als sei das Prinzip unumstritten, dass wir Schlechtes verhüten sollten, wenn wir dazu nichts von vergleichbarer moralischer Bedeutung opfern müssen, trügt gleichwohl. Wenn es ernst

genommen und wenn danach gehandelt würde, würden sich unser Leben und unsere Welt grundlegend verändern. Denn das Prinzip lässt sich nicht nur auf jene seltenen Situationen anwenden, wo ein Kind aus einem Teich zu retten ist, sondern auf die alltägliche Situation, wo wir denen helfen können, die in absoluter Armut leben. Hierbei unterstelle ich, dass absolute Armut mit Hunger und Unterernährung, mit Obdachlosigkeit, Analphabetismus, Krankheit, hoher Säuglingssterblichkeit und niedriger Lebenserwartung eine schlechte Sache ist. Und ich unterstelle ferner, dass es in der Macht der Reichen steht, diese absolute Armut zu verringern, ohne irgend etwas von vergleichbarer moralischer Bedeutung zu opfern. Wenn diese beiden Annahmen und das eben diskutierte Prinzip richtig sind, dann haben wir eine Verpflichtung, denen zu helfen, die in absoluter Armut leben, eine Pflicht, welche ebenso stark ist wie die, ein ertrinkendes Kind aus einem Teich zu retten. Nicht zu helfen wäre unrecht, ganz gleich, ob dies für sich genommen mit einer Tötung gleichbedeutend wäre oder nicht. Helfen ist nicht, wie man üblicherweise denkt, eine wohltätige Handlung, die zu tun lobenswert ist, die zu unterlassen aber nicht unrecht ist; es ist etwas, das jedermann tun soll. [...]

Unser Reichtum bedeutet, dass wir Einkommen haben, über das wir verfügen können, ohne den lebensnotwendigen Bedarf aufzugeben, und dass wir dieses Einkommen dazu verwenden können, absolute Armut zu verringern. Wie viel genau aufzugeben wir uns für verpflichtet halten, wird davon abhängen, was wir angesichts der Armut, die wir verhüten könnten, als vergleichbar moralisch bedeutsam betrachten: modische Kleider, teure Restaurantbesuche, eine raffinierte Stereoanlage, Ferienreisen nach Übersee, ein (zweites?) Auto, eine größere Wohnung, Privatschulen für unsere Kinder usw.

(Peter Singer: Verpflichtung zu helfen?, in: Praktische Ethik, Reclam 1994, S. 292–295 © Philipp Reclam jun. GmbH & Co., Stuttgart)

2. Erstelle eine Argumentationsskizze des Textes.

3. Angesichts der weltweiten Not auf Luxus verzichten? – Diskutiert darüber.

Der Text von Peter Singer thematisiert auch die Frage, die auf der letzten Doppelseite gestellt wird: Inwieweit lassen wir uns durch die Not anderer berühren und in unserer Freiheit einschränken? Hier ist entscheidend, die behandelten Beispiele nicht als „weit weg" zu erleben, als Probleme, für die allenfalls unsere Politiker zuständig sind, sondern sie im eigenen Lebensbereich zu erkennen und sich von ihnen betreffen zu lassen. Es geht darum, Möglichkeiten zu entdecken, sich vor Ort zu informieren und zu engagieren: beispielsweise durch den Besuch einer Asylbewerberunterkunft samt Gesprächen mit Asylbewerbern und deren Betreuern oder eines Eine-Welt-Ladens, in dem unter Umständen auch eine Mitarbeit möglich ist.
Der Motivation zu konkretem Einsatz für andere könnte auch folgendes Interview dienen:

Material 10

Die Weltgeschichte der Seele

Interview mit Jean Ziegler, UNO-Sonderberichterstatter für Menschenrechte
Was müsste [...] geschehen, um den Hunger in der Welt wirksam zu bekämpfen?
Vor allem müsste die Nahrungsmittelbörse in Chicago geschlossen werden. [...] Nahrungsmittel sind öffentliche Güter und keine Ware wie jede andere. Sie dürfen nicht privaten Spekulationen unterworfen werden. Vielmehr müssen ihre Preise international vertraglich festgesetzt werden.
Mit welchen Folgen rechnen Sie, wenn die Problematik Hunger und Hungertod nicht einer Lösung zugeführt wird?
Bei Franz Kafka findet sich der seltsame Satz: „Weit, weit weg von dir geschieht die Geschichte der Welt, die Weltgeschichte deiner Seele."
Das heißt, die Schande, die einem Menschen irgendwo auf der Welt angetan wird, die Verletzung oder Zerstörung seiner Menschlichkeit, ist zugleich die Verletzung oder Zerstörung der Menschlichkeit in mir. Es gibt kein Glück, für keinen unter uns, solange wir diese Verletzung und Zerstörung zulassen. Natürlich sind die europäischen Kriegsflotten oder Armeen instande, die Festung Europa gegen die Skelette aus Afrika zu schützen, selbst wenn sie zu Hunderttausenden an unsere Grenzen zu kommen versuchen. Europa kann sich ihrer mit Gewalt erwehren. Das wird jedoch in ganz kurzer Zeit unsere eigenen Werte innerhalb unserer Festung zerstören.
Das heißt, die Bekämpfung des Hungers ist nicht nur ein moralisches Gebot, sondern liegt auch in unserem eigenen Interesse, um unseren Frieden und unsere politische Sicherheit zu bewahren.
Die Vereinigten Staaten von Amerika haben bis jetzt über 250 Milliarden Dollar für ihr

Irak-Abenteuer ausgegeben, während es doch politisch und moralisch geboten wäre, einen entschiedenen Krieg gegen den Hunger in der Welt zu führen. Das ändert natürlich nichts daran, dass es für keine Art von Terrorismus eine politische, ideologische oder religiöse Entschuldigung gibt. Aber um dem Individual- und Gruppenterror wirksam zu begegnen, bedarf es keiner Militärmaschinerie, keines Einsatzes von immer neuen Waffensystemen.

Der große Aufklärer Erasmus von Rotterdam sagte einmal: Man kann den Frieden kaufen. Trifft das zu?

Die Vereinten Nationen zeigen, wie das möglich wäre. Im ersten Stock ihres Gebäudes in New York, wo der Sicherheitsrat residiert, wird aufgelistet, wie viel es kosten würde, um die 36 Millionen aidsinfizierten Menschen mit entsprechenden Therapien zu versorgen, Impfkampagnen gegen die fünf größten Epidemien in der Dritten Welt durchzusetzen, die 22 Millionen Flüchtlinge in der Welt menschenwürdig zu versorgen, die Ausbreitung der Wüsten zu bekämpfen und die Biodiversität zu erhalten. All dies wäre schon mit einem Teil der weltweiten Rüstungsausgaben von derzeit rund 960 Milliarden US-Dollar finanzierbar.

Sehen Sie die derzeitigen demokratischen und administrativen Strukturen des Westens für eine „Koalition gegen den Hunger" überhaupt als geeignet an?

In einer Demokratie kann man eine Menge bewegen. Wenn ich mit meinem Wahlzettel, mit Briefen an Politiker und Zeitungsredaktionen, mit der Teilnahme an Demonstrationen, mit Vereinsbildungen, mit den Mitteln der Demokratie, die mir durch das Grundgesetz zugesichert sind, immer und immer wieder meine Stimme des Protestes erhebe, dann ist das kein sinnloses und ohnmächtiges Unterfangen, sondern wirkt im Sinne des bekannten Spruches: „Steter Tropfen höhlt den Stein."

Wie können wir mit unserer Stimme die Weltwirtschaft beeinflussen?

Nehmen Sie das Problem der Verschuldung. Der Weltwirtschaftsfonds, der die Schuldknechtschaft der Länder der Dritten Welt verwaltet, wird von einem Gouverneursrat geleitet, in dem die Finanzminister der Industriestaaten das Sagen haben. Diese können wir zwingen, für dieses oder jenes Schuldenmoratorium zu stimmen, damit in diesem oder jenem Land dringend notwendige Reformen durchgeführt werden. Ich sage nicht, dass das einfach zu bewerkstelligen ist. Aber die Demokratie gibt uns allen die Möglichkeit, aufzustehen und unseren moralischen Imperativ zu formulieren.

Worauf setzen Sie Ihre größten Hoffnungen?

Die neue planetarische Zivilgesellschaft mit der Attac-Bewegung, der Greenpeace-Bewegung und anderen Gruppierungen beweist mit, dass meine Hoffnung gut begründet ist. Die 300 000 weltweit agierenden Nichtregierungsorganisationen sind eine neue politische Macht, mit der die etablierten Parteien schon jetzt rechnen müssen. Sie mobilisieren viel tiefer und viel massiver als die traditionellen politischen Parteien oder die Gewerkschaften. Inzwischen haben sich mit großer Sachkenntnis und starkem Engagement eine ganze Reihe von Widerstandsfronten gegen den Raubtierkapitalismus etabliert, die alle vom moralischen Imperativ getragen werden.

(Interview mit Jean Ziegler, aus: Adelbert Reif: Das Glück und die Schande, in: Publik-Forum Dossier „Einfach die Welt verändern", Oberursel Oktober 2006)

1. Warum geht uns nach Jean Ziegler auch Unrecht und Elend etwas an, das weit weg von uns geschieht?

2. Stellt in Gruppen eine Liste von Aktionen zur Durchsetzung von mehr Frieden und Gerechtigkeit zusammen.

Exemplarische Unterrichtsstunde

Seite 196/197 **Schuldig oder nicht schuldig?**

Phase	Inhalt	Arbeitsform	Medium
Einstieg	Analyse einer Handlung, die man bereut	EA und UG	
Transfer	Fallbeispiele (S. 196) Gerichtsverhandlung	GA, Rollenspiel Präsentation	Buch
Vertiefung	Jaspers: Verantwortung (S. 197)	Textlektüre und Interpretation	Text

3. Als Hausaufgabe: Überlege dir Situationen, in denen du sagst: „Ich bin nun mal so, ich kann nicht anders" und bewerte sie.

Kompetenzhinweise

Beim Thema „Freiheit" geht es im Wesentlichen um nichts Geringeres als die ethische Schlüsselkompetenz, begründete moralische Urteile zu fällen.

Voraussetzung dafür ist zunächst die personale Kompetenz, die eigene Freiheit in ihrem Ausmaß und Stellenwert zu bestimmen. Dies steht zu Beginn des Kapitels im Vordergrund. Jedoch schwingt dabei immer auch die soziale Kompetenz mit: in der Erkenntnis, dass meine Freiheit in der der anderen ihre Grenze findet.

Hierzu ist die Fähigkeit des Perspektivenwechsels entscheidend. Sie tritt am Ende des Kapitels im Begriff der Verantwortung in den Vordergrund, wenn es darum geht, eigene Freiheit zugunsten anderer zu nutzen und auch einzuschränken. Die dazu nötige Empathiefähigkeit gilt es an den gegebenen Beispielen, aber auch an Beispielen aus der eigenen Lebenswelt zu entwickeln und zu fördern.

Um argumentative Kompetenz geht es vor allem im Mittelteil. Geschult an philosophischen Begriffen und Argumentationen sollen die Schüler/innen befähigt werden, eigene Urteile durch gute Argumente zu begründen und immer sicherer zu vertreten.

Vorschläge für Klassenarbeiten

Thema: Freiheit

Wenn unsere geistigen Aktivitäten mit Hirnprozessen gleichzusetzen sind, die Naturgesetzen folgen, kann von Freiheit nicht mehr die Rede sein. Unsere Handlungen würden dann nicht von uns selbst bestimmt, sondern von jenen Gesetzen.

Bevor man dieser Argumentation endgültig zustimmt, sollte man sich vor Augen führen, dass Frei-
5 heit an *zwei* Bedingungen geknüpft ist. Einerseits würden wir ein Tun nie als frei bezeichnen, wenn wir von außen dazu genötigt werden. Freiheit setzt also *Autonomie* voraus.

Andererseits muss Freiheit aber auch gegen den bloßen Zufall abgegrenzt werden. [...] Offenbar erwarten wir von einer freien Handlung, dass sie sich einer Person zurechnen lässt. Zur Freiheit gehört also auch *Urheberschaft*. Beiden Kriterien können wir gerecht werden, wenn wir „Freiheit" mit „Selbst-
10 bestimmung" übersetzen. Diese Übersetzung ist weit mehr als ein Spiel mit Worten; sie verdeutlicht etwas, das in der Diskussion um die Willensfreiheit häufig übersehen wird: Freiheit benötigt eine Person, ein „Selbst", das sich bestimmt. Doch dann kann nicht jede Form der Determination die Freiheit beeinträchtigen. Wenn dieses „Selbst" sich bestimmt, wird die Freiheit nicht eingeschränkt – die Festlegung durch das „Selbst" *ist* gerade das, was eine freie Handlung von einer bloß zufällig entste-
15 henden Aktivität unterscheidet.

Veranschaulichen lässt sich dies durch den Vergleich mit einer parlamentarischen Demokratie. Die Interessen und Gewohnheiten der Bürger entsprechen dabei dem Charakter und den Motiven der Person, die Beschlüsse des Parlaments den Willensakten. Wann würden wir Entscheidungen des Parlaments als frei bezeichnen? Offenbar spielen auch hier die beiden genannten Bedingungen eine
20 entscheidende Rolle: Eine freie Entscheidung darf weder durch äußeren Zwang noch durch bloßen Zufall zustande gekommen sein, vielmehr muss sie von den Interessen und Wünschen der repräsentierten Staatsbürger abhängen. Würde sich das Parlament nicht an diesen Interessen orientieren, dann würde man nicht mehr von Freiheit, sondern von bloßer Willkür sprechen.

(Michael Pauen: Von Fledermäusen und der Freiheit des Willens, in: Gehirn & Geist, Das Magazin für Psychologie und Hirnforschung, Nr. 1 2003, S. 49)

1. Stelle die Grundgedanken des Textes dar.

2. Kläre folgende Begriffe:
- Autonomie
- Urheberschaft
- Zufall
- Determination
- Handlungsfreiheit

3. Erörtere an einem Beispiel aus deinem Lebensbereich die Bedeutung von Freiheit für dich.

Lösungshinweise

1. Im vorliegenden Textauszug aus „Von Fledermäusen und der Freiheit des Willens" stellt Michael Pauen der Behauptung, nach den Erkenntnissen der gegenwärtigen Hirnforschung seien „unsere geistigen Aktivitäten mit Hirnprozessen gleichzusetzen" und somit könne „von Freiheit nicht mehr die Rede sein", einige grundsätzliche Überlegungen zum Freiheitsbegriff gegenüber, die nach seiner Auffassung zunächst bedacht werden müssen, bevor man dieser Behauptung einiger Hirnforscher zustimmt.

   Zunächst grenzt er eine freie Handlung von einer unter äußerem Zwang erfolgten ab, was ihn zur Bestimmung von Freiheit als Autonomie führt. Außerdem sei Freiheit auch von bloßem Zufall abzugrenzen. Freiheit schließt also den Begriff der Urheberschaft ein, nach dem eine freie Handlung einer Person zugerechnet werden kann. Auch diese Überlegungen führen ihn zum Begriff der Autonomie: Freiheit als Selbstbestimmung. Dieser Begriff aber scheint ihm gewisse Formen der Determination nicht auszuschließen. Denn erst wenn die freie Handlung gerade durch das Selbst definiert und determiniert wird, wird es nach seiner Auffassung möglich, sie von einem nur zufälligen Geschehen zu unterscheiden.

   Für diesen Zusammenhang findet Pauen ein sehr prägnantes Bild: das einer parlamentarischen Demokratie, in der die Beschlüsse des Parlaments gerade nicht erzwungen oder zufällig oder willkürlich sind, sondern den „Interessen und Wünschen der repräsentierten Staatsbürger" entsprechen.

2. - Autonomie (aus dem Griechischen: Selbstbestimmung) bedeutet, sein Denken und Handeln nach eigenen Interessen, Werten und Vorstellungen zu bestimmen.
   - Urheberschaft: Eine Handlung wird einer Person als deren Urheberin zugeordnet und zugerechnet.
   - Zufall: Eine Handlung kann nicht einer Person zugerechnet werden, sondern geschieht ohne deren Willen.
   - Determination: zwangsläufige Bestimmtheit durch vorgegebene Faktoren (Determinanten), beispielsweise biologische (Gene, Hirnstruktur...) oder soziokulturelle (Erziehung, kulturelles und soziales Umfeld). Im Text wird Determination in einer weiteren Bedeutung erwähnt: die Bestimmtheit all meiner Lebensvollzüge durch meine Persönlichkeit, mein Selbst.
   - Handlungsfreiheit: Freiheit von äußeren Zwängen und einschränkenden Umständen wie Krankheit und Gefängnis; Fähigkeit, eigene Entschlüsse zwangfrei zu verwirklichen

3. Individuelle Lösung

Natur – Mensch – Leben

Allgemeine Erläuterungen zur Unterrichtseinheit

Dieses Kapitel bezieht sich schwerpunktmäßig auf den Bereich Problemfelder der Moral/Natur und Mensch. Dabei geht es neben verschiedenen Bestimmungs- und Deutungsversuchen zum Verhältnis von Mensch und Natur immer auch um die Selbstbetrachtung und Reflexion des eigenen Denkens und Handelns im Hinblick auf Umwelt und Natur. Thematisch werden in diesem Zusammenhang die Wahrnehmung und Gestaltung der Natur, die Zivilisierung als ihre Überwindung, die moralische Wertung der Natur, verschiedene Sichtweisen der Natur, der Umgang mit Naturressourcen, sowie die Technisierung der Welt und die ethische Verantwortung für die Natur behandelt. Dabei können die verschiedenen Themenaspekte je nach Interesse reduziert oder teilweise ausgespart werden, andere mit aktuellem Material erweitert werden.

Leitfaden für mögliche Unterrichtssequenzen

Seite 208/209 ### Auftakt

Der Einstieg in dieses Themenfeld konzentriert sich auf verschiedene Weise auf die Wahrnehmungen und Selbsteinschätzungen der Schüler/innen und lässt sich damit im Vorfeld schwer abschätzen. Allerdings zielt die erste Aufgabe mit den drei Bildern auf der linken Seite der Doppelseite darauf ab, einerseits die Gewaltigkeit der Natur zu zeigen, dann aber auch schon die Eingriffe der Menschen, im zweiten Bild für Tiere schon bedrohlich wirkend, im dritten Bild so, dass Natur quasi verschwunden ist. Nach einer ersten Sammlung von Assoziationen und Vorstellungen sollen die Schüler/innen dann selbst ihr Verhältnis zur Natur reflektieren. Dazu müsste der Naturbegriff möglicherweise genauer bestimmt werden: Natur als Umwelt, Regenerationsquelle oder Lebensbedingung des Menschen. Nach der Zuordnung sollen die Schüler/innen auch überlegen, welche Konsequenzen ihre Einstellung für ihre Lebensweise, ihren Umgang mit Natur hat. Durch drei weitere Bilder werden erste Überlegungen zum Verhältnis des Menschen zu Tieren angeregt: ihre Verwendung als Arbeits- und Nutztier sowie als Haustier. In diesem Kontext könnte schon diskutiert werden, inwieweit sich aus diesen Unterschieden verschiedene Haltungen und Verhaltensweisen den Tieren gegenüber ergeben.
Mit Aufgabe 4 können die Schüler/innen aufgefordert werden, eigene Themen und Probleme im Zusammenhang mit Natur zu benennen, die dann zum Thema des Unterrichts werden können.

Seite 210/211 ### 1. Natur und Kultur

Die erste Aufgabe dient dazu, bewusst zu machen, dass je nach Hintergrund und Interessen Natur unterschiedlich wahrgenommen wird. So stehen für einen Maler etwa mögliche Bildmotive im Vordergrund, für den Zimmermann der Holzbestand, die Energieberaterin die möglichen Energiequellen, den Umweltschützer die Erhaltung der Umgebung, den Hotelunternehmer die Nutzung dieser Gegend für ein Wellnesshotel, den Rafting-Fan eine mögliche Rafting-Strecke und den Angler der Fischbestand. Diese Sichtweisen können durch weitere ergänzt werden, auch könnte die Aufgabe historisch orientiert sein, indem man sich fragt, was ein Reisender in verschiedenen Jahrhunderten über diesen Landstrich gedacht hat, wozu natürlich auch Gegenden aus dem Nahbereich der Schüler/innen herangezogen werden können.
Die Texte und entsprechenden Aufgaben auf dieser Doppelseite setzen die verschiedenen Sichtweisen von Natur fort, indem historisch die Betrachtung der Natur in den Blick genommen wird, und zwar be-

zogen auf „Naturvölker", die, so in Böhmes Textauszug, mehr als Teil der Natur denn als Menschen wahrgenommen und entsprechend behandelt wurden. Dazu gehört auch, dass Natur, vor allem die eigene, im 18. Jahrhundert als etwas betrachtet wird, das es zu überwinden galt.

Im Kontrast dazu steht der Textauszug aus dem Papalagi, der den Blick auf die zivilisierte Welt freigibt und ihre Schwachpunkte demonstriert. Unbedingt sollte in diesem Zusammenhang, der ja eine erste Zivilisationskritik enthält, die Genese eines solchen Textes thematisiert werden. Bei Interesse wäre eine intensivere Beschäftigung mit „Naturvölkern" historisch und gegenwartsbezogen möglich, da eine veränderte Umgangsweise auch einen Bewusstseinswandel deutlich macht (wie etwa die Entschuldigung der australischen Regierung bei den Aborigines). Natur als Zurichtung macht die Instrumentalisierung der Natur am Beispiel der Gartengestaltung und dann der technologischen Erschließung und Ausbeutung der Natur deutlich, gleichzeitig auch, dass äußere Natur nicht mehr erste Natur sein kann, da sie, und sei es nur durch ihre Umgebung, immer schon gestaltet und zugerichtet ist. Im 21. Jahrhundert sind die Umwelt- und Naturschützer auf den Plan getreten, die erhalten wollen, was kaum noch zu retten ist. Kritisch führt Nietzsche in seinem Aphorismus die Sichtweise des Menschen bezüglich der Naturgesetze aufs Glatteis, da er sie ihres Anthropomorphismus entkleidet.

Seite 212/213 — 2. Was hat Natur mit Moral zu tun?

Auf dieser Doppelseite geht es einerseits um den Zusammenhang von Moral und Natur und darüber hinaus dann um die Wertung von Natur und daraus sich ergebende Handlungsweisen und Haltungen. Goethes Gedicht ist hier nur auszugsweise abgedruckt, kann aber auch gut vollständig und detaillierter untersucht werden, auch im Hinblick auf den Titel des Gedichts.

Bei der ersten Aufgabe geht es um die Erkenntnis, dass Natur selbst nicht moralisch ist, dass sie weder gut noch böse ist, weder schlecht noch schädlich, sondern dass all diese Urteile und Bewertungen vom Menschen auf die Natur projiziert werden. Dadurch orientiert sich der Mensch, Goethe zufolge, am Göttlichen, das somit sein Vorbild ist. Wichtig ist hier die Erkenntnis, dass Natur selbst nicht moralisch und wertend ist, eine wichtige Erkenntnis für die Umgangsweise mit dem naturalistischen Fehlschluss, worauf im nächsten Aufgabenteil verwiesen wird.

Mit Böhmes Text geht es darum, wie Menschen mit der Natur umgehen, über sie verfügen, sie zerstören, sie wissenschaftlich verwerten, damit zum einen der Natur irreparablen Schaden zufügen, damit aber zum anderen auch die Lebensgrundlagen der Menschen in Gegenwart und Zukunft zunehmend einschränken und zerstören. Damit dieser Entwicklung Einhalt geboten werden kann, bedürfen wir, Böhme zufolge, der Festschreibung von Grundwerten, die zur Erhaltung der Natur und der Zukunft der Menschen beitragen.

Die Aufgaben 4 und 5 beziehen sich auf historisch-gesellschaftlichen Veränderungen in den vergangenen 50–100 Jahren, in denen einerseits die Ausschöpfung von Naturressourcen, die Verwertung von Natur weiterbetrieben wurde, obwohl die Schäden für die Natur und den Menschen immer besser bekannt waren und sind, andererseits die Gesellschaft im westeuropäischen Raum sich immer stärker von einer Industriegesellschaft zu einer Wissens- und Informationsgesellschaft entwickelte, in der menschliche Intelligenz zum wesentlichen Erfolgs- und Wertschöpfungsfaktor wird. Es sind damit die Menschen, die durch ihre Qualifikation, Arbeit und mithilfe von Wissen Kapital schaffen und damit auch als die Quellen des Wachstums zu betrachten sind.

Im Weiteren liegt dann der Schwerpunkt auf dem Verhältnis von Mensch und Tier, bezogen auf die Bedeutung, die Tiere für den Menschen haben, welche gesetzliche Regelungen dafür bestehen und welches Menschen- und Tierbild nach Böhme dahintersteht.

In den Aufgaben 9 und 10 sollen die Schüler/innen sich selbst der Entscheidung stellen, ob dem Menschen mehr „Wert" zukommt als dem Tier.

Seite 216–221

4. Mensch und Umwelt
5. Quelle Natur?
6. Natur und Technik

Die drei folgenden Doppelseiten eignen sich gut für eine umfangreichere Gruppenarbeit mit verschiedenen Schwerpunkten, die im Rahmen eines Gruppenpuzzles wechselseitig vermittelt und dann schriftlich zusammengestellt werden sollen.

Mögliche Aufgabenstellungen für die Expertengruppen:

Mensch und Umwelt

1. *Sammelt aus den Textauszügen der Doppelseite 216/217 und aus anderen Quellen Informationen über den CO_2-Ausstoß von Fahrzeugen.*

2. *Diskutiert und bewertet den Anstieg von Fahrzeugkäufen (Stichwort Abwrackprämie) in den letzten Jahren.*

3. *Fasst die Initiativen zur Reduzierung der Umweltbelastung durch Autos auf den Seiten 216/217 mit eigenen Worten zusammen, recherchiert nach weiteren Initiativen und nehmt Stellung dazu.*

Quelle Natur?

1. *Recherchiert verschiedene Möglichkeiten der Energieversorgung.*

2. *Stellt die verschiedenen Energiequellen mit ihren jeweiligen Vor- und Nachteilen vor und bewertet sie.*

3. *Benennt anhand des Gesprächs mit dem Soziologen Peter Weingart die Rolle der Wissenschaft bei der Debatte um den Klimawandel und stellt euer Ergebnis zur Diskussion.*

Natur und Technik

1. *Stellt zusammen, wie in den Texten von Oberndorfer, Zimmerli, Kant und Singer auf den Seiten 220/221 das Verhältnis zwischen Mensch und Natur dargestellt wird.*

2. *Fasst zusammen und diskutiert in Bezug auf die Texte, wovon das Naturverständnis des Menschen möglicherweise abhängt.*

3. *Schreibt einen Kommentar, welchen Anteil die Naturwissenschaften, Unternehmen, Konsumenten an der zunehmenden Zerstörung der Natur haben.*

Die Ergebnisse werden in den Stammgruppen zusammengetragen und auf einem Plakat zusammengefasst. Diese Plakate werden aufgehängt und in ihrer Darstellung und Aussagekraft verglichen und bewertet. Sie können in der Schule ausgestellt werden.

Seite 222/223

7. Natur und ethische Verantwortung

Auf dieser Doppelseite werden verschiedene Aspekte der Verantwortung bezogen auf Natur berührt. Sie können je nach Interesse vertieft oder gekürzt werden.
Mit dem ersten Textauszug von Arnold Gehlen wird die Notwendigkeit des Menschen zur Naturbeherrschung um des eigenen Überlebens willen thematisiert, was dann im Gleichnis von Dsi Gung in eine kritische Betrachtung gerät, da ausgeführt wird, dass dem Menschen durch den Einsatz von Technik etwas verlorengeht. Diese Sichtweise kann und soll von den Schüler/innen/n in ihren möglichen Implikationen diskutiert und bewertet werden.
Am konkreten Beispiel des Atombombenangriffs 1945 auf Hiroshima und Nagasaki können die Schü-

ler/innen sich vertiefend mit der Frage nach der Verantwortung auseinandersetzen, die dann mit den beiden Textauszügen von Hans Jonas philosophisch vertieft werden kann.

Zum Abwurf der Atombomben sollten die Schüler/innen vorab eine Recherche durchführen, da die Informationen im Text S. 222/223 für eine Fallanalyse nicht detailliert genug sind.

Exemplarische Unterrichtsstunde

Seite 214/215   **Weltbild und Naturbegriff**

Zeit	Phase	Inhalt	Arbeitsform	Medium
5'	Einstieg (Blitzlicht, Bildeinstieg etc.)	Witz lesen und kommentieren lassen. Was bedeutet er? Unsere Sicht auf die Welt und die Natur ist nicht die einzig mögliche; welche Sichtweisen sind vorstellbar?	UG	Bild/Text
	(Hausaufgabe)			
	Thema	Welt und Natursicht		
	Problemfrage/n formulieren (Themenfindung, Materialsuche, methodische Überlegungen)	Zusammenhang verschiedener Sichtweisen von Natur und damit zusammenhängende Folgen		
15'	Problematisierung bearbeiten (Arbeiten mit Texten, Materialien, Experten, etc.)	Informationen zu verschiedenen Weltbildern S. 214/215 in Kleingruppen schriftlich mit eigenen Worten zusammenfassen lassen, Textbeispiele S. 215 untersuchen. Welches passt zum erarbeiteten Weltbild? Spieleinlage miterarbeiten: Stellt euch vor, ihr seid mit den Vertretern anderer Weltbilder zu einem gemeinsamen Essen eingeladen. Wie zeigt sich eure Haltung beim Essen? Bereitet diese Rolle vor!	GA	Texte
10'		a) Gruppen stellen ihre Ergebnisse vor	GP	Tafel/Folie
5'	Ergebnissicherung	b) Gemeinsames Essen spielen; Zuschauer finden heraus, woran sich die verschiedenen Haltungen erkennen lassen		Rollenspiel
10'	Reflexion (Rückbezug auf Ausgangslage, Revisionen, Differenzierungen usw.)	Reflexion und Bewertung der verschiedenen Haltung und Positionierung der Schüler/innen dazu	PL	Text
	(Hausaufgabe)			

Vorschläge für Klassenarbeiten

Der Mensch als Mängelwesen

Es fehlt das Haarkleid und damit der natürliche Witterungsschutz; es fehlen natürliche Angriffsorgane, aber auch eine zur Flucht geeignete Körperbildung; der Mensch wird von den meisten Tieren an Schärfe der Sinne übertroffen, er hat einen geradezu lebensgefährlichen Mangel an echten Instinkten und er unterliegt während der ganzen Säuglings- und Kinderzeit einer ganz unvergleichlich langfristigen Schutzbedürftigkeit. Mit anderen Worten: innerhalb natürlicher, urwüchsiger Bedingungen würde er als bodenlebend inmitten der gewandtesten Fluchttiere und der gefährlichsten Raubtiere schon längst ausgerottet sein. [...] Er ist von einer einzigartigen, im ersten Teil näher zu durchforschenden Mittellosigkeit, und er vergütet diesen Mangel allein durch seine Arbeitsfähigkeit oder Handlungsgabe, d. h. durch Hände und Intelligenz; eben deshalb ist er aufgerichtet, „umsichtig", mit freigelegten Händen.

(Arnold Gehlen: Der Mensch als Mängelwesen, in: Der Mensch. Seine Natur und seine Stellung in der Welt, AULA Verlag GmbH 1986, S. 32)

1. Arnold Gehlen hat den Menschen in seiner körperlichen Unzulänglichkeit beschrieben. Stelle Vermutungen an, weshalb der Mensch nicht schon längst ausgestorben ist. Welche Fähigkeiten und Möglichkeiten besitzt er, durch die er selbst Raubtiere besiegen kann?

2. Schreibe einen Kommentar, ob diese naturbedingte Unzulänglichkeit des Menschen die Ausbeutung und Zerstörung der Natur rechtfertigt.

3. Führe aus, wie der Mensch deiner Ansicht nach mit der Natur (Umwelt, Energiequellen, Tieren) umgehen sollte. Äußere dich zu mindestens einem Aspekt ausführlich.

4. Erkläre die folgenden Begriffe und gib jeweils ein Beispiel:
   - anthropozentrisch
   - biozentrisch
   - physiozentrisch

Altern, Sterben, Tod

Allgemeine Erläuterungen zur Unterrichtseinheit

Älterwerden, Altwerden und Sterben gehören zu den existenziellen Erfahrungen, die aus Sicht der Schüler/innen in der Regel noch weit von ihrem jetzigen Leben entfernt sind. Der Umgang mit alten und sterbenden Menschen im Umfeld der Familie und in unserer Gesellschaft, die zwar immer älter wird, aber trotzdem Sterben und Tod noch tabuisiert, die Verarbeitung von Trauer und Leid in der Begegnung mit unheilbarer Krankheit, von Schicksalsschlägen und Unglücksfällen mit tödlichem Ausgang in Familie, Umgebung und Freundeskreis, die eigene Ohnmacht angesichts des Todes – all das erfordert auch von jungen Menschen ein hohes Maß an ethischer Kompetenz. Hierzu kann und muss insbesondere der Ethikunterricht einen wesentlichen Beitrag leisten.

Die Schülerinnen und Schüler lernen zunächst, die Probleme des Altseins innerhalb der individuellen und gesellschaftlichen Perspektive wahrzunehmen, zu beschreiben und zu analysieren – auch, dass „Jung und Alt" kein unüberbrückbarer Gegensatz sein muss. Die Auseinandersetzung mit der Betreuung pflegebedürftiger Menschen leistet einen wichtigen Beitrag zur Entwicklung der Empathiekompetenz und bietet die Möglichkeit, Mitverantwortung einzuüben.

In den Kapiteln über Sterben und Tod steht die Menschenwürde im Mittelpunkt. Die Schüler/innen denken nach über die Gründe der weitverbreiteten Tabuisierung dieser Lebensfragen, setzen sich mit den unterschiedlichen Positionen und der Rechtslage zur Sterbehilfe auseinander und beschäftigen sich mit den Wertvorstellungen, die hinter den einzelnen Standpunkten stehen. So können sie in der gesellschaftlichen Diskussion dieser Fragen ihre eigene Einstellung vertreten und moralisch beurteilen. Für sich selbst lernen sie, Sterben und Tod als Teil des menschlichen Lebens zu verstehen und zu akzeptieren.

„Was kommt nach dem Tod?" ist eine wesentliche Sinnfrage der Menschheit. Die Schüler/innen vertreten dazu ihre eigenen Vorstellungen und Hoffnungen, hinterfragen kritisch traditionelle Beerdigungsrituale und lernen an Beispielen die schwierige Situation von Trauernden und Tröstenden kennen und zu verstehen. Im abschließenden Teil über ein „Weiterleben nach dem Tode" setzen sie sich mit der ideengeschichtlichen Perspektive des Themas auseinander, hinterfragen unterschiedliche Glaubensvorstellungen und werfen dabei auch einen Blick auf Sterben und Tod in anderen Kulturen.

Leitfaden für mögliche Unterrichtssequenzen

| Seite 226/227 | Auftakt |

Das Thema „Altern, Sterben, Tod" ist weit weg von dem, was die Schülerinnen und Schüler gerade beschäftigt. Deshalb ist die Empathieübung (S. 226, Aufgabe 1) gut geeignet, sich auf das Thema einzustimmen, sich innerlich darauf einzulassen und weiterführende Fragen zu stellen. Über die Erläuterung der Zitate in Kleingruppen lässt sich das Problem Altern in ersten Ansätzen vertiefen und objektivieren. Ausgehend von der Gegebenheit, dass Kinder mit Sterben und Tod oft weniger befangen umgehen als die mit Tabus blockierte Erwachsenenwelt, ermöglicht die Interpretation der Abbildungen und Texte aus „Wenn Kinder trauern" (S. 227) einen Vergleich mit den eigenen Vorstellungen und damit einen ersten Zugang zum Thema „Sterben und Tod".

Seite 228–235

1. Was heißt eigentlich „alt"?
2. Anti-Aging, Pro-Aging oder das Recht auf Gebrechlichkeit?
3. Alte Menschen in der Gesellschaft
4. Jung und Alt – kein unüberbrückbarer Gegensatz

In „Was heißt eigentlich ‚alt'?" (S. 228/229) stehen zunächst eigene Assoziationen im Vergleich mit anderen Meinungen und Vorstellungen im Mittelpunkt. Daraus lassen sich dann grundlegende Aspekte des biologischen, sozialen und individuellen Alterns herausarbeiten. In den Texten (aus Dorian Gray und am Beispiel Tithonos) und in der Abbildung auf S. 229 erfahren die Schüler/innen beispielhaft die Unerfüllbarkeit menschlicher Sehnsucht nach ewiger Jugend und gewinnen daraus die Einsicht in die Endlichkeit und Vergänglichkeit menschlichen Lebens.

Altern ist für jeden Menschen zunächst ein individuelles Problem. In „Anti-Aging, Pro-Aging oder das Recht auf Gebrechlichkeit?" (S. 230/231) wird der persönliche und gesellschaftliche Umgang mit Altern problematisiert. Es geht um Rollenverlust und Rollenwandel, um Werteverlust und Wertewandel und die damit verbundene Folgen und vor allem um eine kritische Auseinandersetzung mit dem Zeitgeist „FOREVER YOUNG".

Material 11 Auch Weltstars altern ... und stehen dazu

... oder auch nicht

Die französische Schauspielerin, Filmregisseurin und Sängerin Jeanne Moreau (geb. 1928 in Paris) war 36 Jahre alt, als sie die Hauptrolle in dem Film „Tagebuch einer Kammerzofe" spielte. Im Januar 2008 feierte sie in Angers ihren 80. Geburtstag.

Sophia Loren, italienische Filmschauspielerin (geb. 1934 in Rom) mit 26 Jahren (links) und 47 Jahre später bei der Bambi-Verleihung in Düsseldorf

Die Veränderung des Altersaufbaus in Deutschland führt zwangsläufig zu einem Rückgang altenfeindlicher Tendenzen und stellt die Frage nach einer neuen Altenkultur. In „Alte Menschen in der Gesellschaft" (S. 232/233) geht es zunächst um Altersdiskriminierung, dargestellt an Fallbeispielen und ergänzt durch Schülerbeobachtungen. Ansätze eines aus Sicht der alten Menschen positiven Wertewandels werden aufgezeigt, machen aber auch deutlich, dass sie noch weit entfernt sind von der großen Wertschätzung, die alten Menschen in manchen anderen Kulturen entgegengebracht wird.

Der Umgang mit alten Menschen – im privaten und im gesellschaftlichen Rahmen – ist für unsere Schüler/innen von großer ethischer Relevanz. Sie sind mitverantwortlich für eine humane Altenkultur und legen damit den Grundstein für Wertvorstellungen, die ihr eigenes Altsein bestimmen. Unter diesem Aspekt gewinnen Begegnungen, Erfahrungen und Aktivitäten, wie sie als Projektbeispiele und Projektvorschläge in „Jung und Alt – kein unüberbrückbarer Gegensatz" (S. 234/235) dargestellt werden, eine besondere Bedeutung.

Seite 236–245

5. Wenn es zu Hause nicht mehr geht ...
6. Vom Umgang mit Sterben und Tod
7. Sterben in Würde?
8. Sterbehilfe als Hilfe zum Sterben?
9. In Würde leben bis zuletzt – zum Beispiel die Hospizbewegung

Das Kapitel „Wenn es zu Hause nicht mehr geht..." (S. 236/237) hat eine Brückenfunktion zwischen Altern und Sterben. Mit der immer größer werdenden Alterserwartung steigt auch die Anzahl der pflegebedürftigen Menschen. Das Wissen um die Probleme der gegenwärtigen Pflegesituation in Deutschland fördert das Verständnis für die jeweils betroffenen Menschen und vertieft die Einsicht, dass das Pflegen schwerstkranker Menschen eine ethische Verpflichtung ist, die sich aus der Achtung vor dem Leben, aus der Würde des Menschen und aus dem Gebot der Nächstenliebe herleitet. Kontakte zu Altenheimen und Altenpflegeheimen, Gespräche mit Altenpflegern und Erfahrungen im Rahmen eines Sozialpraktikums sind eine wertvolle Ergänzung und Erweiterung und machen die eigene Mitverantwortlichkeit für die Schülerinnen und Schüler erfahrbar. Umfragen belegen, dass Sterben und Tod immer noch tabuisiert werden. In „Vom Umgang mit Sterben und Tod" (S. 238/239) wird nach den Gründen für dieses Verhalten gefragt und auch bewusst gemacht, wie weit es verbreitet ist – bis hin zu Euphemismen in Todesanzeigen und im eigenen Sprachgebrauch.

Die beste Möglichkeit, in die Problemkreise „Sterben in Würde?" (S. 240/241) und „Sterbehilfe als Hilfe zum Sterben?" (S. 242/243) einzuführen sind Fallbeispiele mit einer Ausarbeitung der erforderlichen Fallanalysen. Dadurch wird den Schüler/inne/n bewusst, dass in vielen Fällen die ethische Urteilsfindung schwierig ist, weil – wie immer bei Wertekonflikten – die Entscheidung für einen Wert gleichzeitig auch die Entscheidung gegen einen anderen Wert ist. Die öffentliche Diskussion, vor allem über den Umfang des Rechts auf Selbstbestimmung und die aktive Sterbehilfe, macht den Schüler/inne/n deutlich, dass hinter den einzelnen Argumenten unterschiedliche Werteprioritäten stehen. Das gilt auch für die Unterschiede in der Rechtslage verschiedener Länder. Die Auseinandersetzung mit unterschiedlichen Überzeugungen in diesen Fragen hilft ihnen, ihren eigenen Standpunkt zu finden und begründet zu vertreten.

Material 12

Der Verfasser Tim Niemeyer erhielt für dieses Plädoyer für mehr Menschlichkeit 2003 den internationalen Balint-Preis für Medizinstudenten. Der Preis ist mit 3000 Schweizer Franken dotiert und erinnert an den Arzt Michael Balint („Der Arzt, sein Patient und die Krankheit", 1957), der vehement forderte, jedem Kontakt und jedem Gespräch mit dem Patienten besondere Bedeutung zuzumessen.

Wohlan denn, Herz gesunde!

Begegnung eines Medizinstudenten mit einem Sterbenden im Altenheim

Es ist kaum drei Wochen her. Neben meinem Medizinstudium, in dem ich in wenigen Wochen das zweite Staatsexamen absolvieren werde, arbeite ich, zumeist an den Wochenenden, als Pflegehelfer in einem Altenpflegeheim, um mich und mein Studium zu finanzieren. In der Pflege bin ich seit meiner
5 Schulzeit tätig – erst der Zivildienst im Krankenhaus, dann der ambulante Dienst und die Schwerstbehindertenpflege, jetzt das Altenheim. Meiner Ansicht nach kann man nur ein guter Arzt werden, wenn man alle Bereiche der medizinischen Versorgung eines Patienten aus eigener Erfahrung kennengelernt hat. Zudem bekommt man im Studium nicht wirklich viele Patienten zu Gesicht. Da ist es umso wichtiger, das eigentliche Ziel nicht aus den Augen zu verlieren, und so kann ich den Mediziner
10 in mir nie ganz zu Hause lassen.

Seit fast vier Jahren arbeite ich nun schon im Altenheim. Oft ist es eine Belastung, zumal das Wochenende dadurch umso kürzer wird, aber mindestens genauso oft ist es eine Bereicherung und eine ausgleichende Beschäftigung zu Vorlesung, Kurs, Büchern und Schreibtisch. „Basisarbeit" nenne ich es manchmal. Theorie braucht Praxis. Es ist Sonntagmorgen, das Jahr ist noch jung. Draußen ist es
15 viel zu warm, nicht nur für diese Jahreszeit, sondern auch für mein Gefühl. Ich stapfe durch den Nieselregen zum Frühdienst ins Altenheim, nach einer kurzen Nacht – eine Freundin hatte Geburtstag. Übergabe wie immer, nichts besonderes. Dann beginnt die Routine: „Guten Morgen, gut geschlafen?" Doch heute ist etwas anders – kurz nach sieben Uhr, gerade als ich bei einer Patientin des Altenheims mit der Grundpflege beginne, kommt eine Kollegin herein – „Tim, komm mal schnell, guck dir mal
20 den Herrn N. an!" Es ist bekannt, dass ich Medizin studiere, und in manchen Situationen wird davon sogar Gebrauch gemacht. Voller Stolz diagnostizierte ich hier vor einigen Semestern meine erste Thrombose.

Herr N., den ich mir angucken soll, liegt in seinem Bett – blass, schwer atmend. Ich habe ihn gestern erst kennengelernt. Er ist einer der Patienten, die zur Kurzzeitpflege für wenige Wochen im Alten-
25 heim wohnen. Seine Frau ist zu Hause gestürzt und vermag sich momentan nicht mehr um ihn zu kümmern. Und gerade das hat er nötig. Herr N. ist in einem traurigen Zustand: Ein einstmals großer, stattlicher Mann, jetzt, mit 83 Jahren, kachecktisch abgemagert auf nicht einmal fünfzig Kilo, erinnerte er mich auf den ersten Blick an einen KZ-Häftling. Am gestrigen Morgen habe ich mich um ihn gekümmert. Er benötigt bei allen täglichen Dingen volle Hilfestellung, kann kaum noch stehen. Ich
30 rasierte ihn, wusch ihn, zog ihn – eigentlich fast mehr gegen seinen Willen – an, um ihn am Vormittag zumindest für eine knappe Stunde in einen Sessel zu setzen – darauf hatten wir uns nach einigem Hin und Her geeinigt.

Der Wunsch, sterben zu dürfen

Herr N. hatte in den letzten Tagen noch weniger gegessen und getrunken als er es ohnehin schon tat.
35 Er wollte nicht ins Altenheim, nicht mal zur Kurzzeitpflege, das hatte er mir freimütig gesagt. Es sei nur das kleinere Übel zum Krankenhaus gewesen. Er erzählte mir von seiner Frau und von seinem Wunsch, sterben zu dürfen. Das ist in der Altenpflege nichts wirklich Neues. Viele beginnen mit diesen Worten ihren Tag. Es ist sehr schwer, immer darauf einzugehen – oftmals verbleibt nur mehr der Verweis auf höhere Instanzen, die das zu entscheiden haben... Doch bei Herrn N. war es anders. Er
40 sagte es mit fester Überzeugung, nicht wehleidig, nicht jammernd, eher flehend. Der Samstag war ruhig verlaufen, er hatte wirklich fast eine Stunde im Sessel gesessen. Wir sind sogar ein kleines Stück zusammen gelaufen, und er hat gegessen und getrunken wie schon lange nicht mehr.

Doch dann der Sonntag. Er sieht wirklich nicht gut aus, erkennt mich oder meine Stimme, als ich zu ihm ins Zimmer komme, doch mehr als mein „Guten Morgen" erwidert er nicht. Mit vereinten Kräf-
45 ten setzen wir ihn im Bett hoch, stellen das Kopfteil des Bettes höher, und er bekommt etwas besser Luft. Dennoch stimme ich meiner Kollegin zu, den ärztlichen Notdienst zu verständigen, unbedingt. Und die Angehörigen gleich dazu. Das ist so Usus hier. Beunruhigt setze ich meine unvollendete Arbeit bei der ersten Patientin fort. Zeitmanagement ist alles. Der verständigte Arzt kommt mit einiger Verzögerung. Nach kurzer Zeit ist klar, dass Herrn N.s Herz dekompensiert. Er soll in die Klinik
50 – ins größere Übel –, dem Mann bleibt nichts erspart. Eilig beginne ich nun mit den Vorbereitungen.

Der Schwiegersohn ist eingetroffen und steht ratlos am Bett. Kurz entschlossen spanne ich ihn in die Grundpflege ein, immerhin muss es jetzt schnell gehen. Rasieren, waschen, frischer Schlafanzug. Doch dazu kommt es nicht mehr.

Ich habe kaum mit dem Rasieren angefangen, da bemerke ich, dass Herr N. nicht mehr atmet. Sein Schwiegersohn spricht noch mit ihm. Ich versuche und hoffe, noch so etwas wie einen Puls am Handgelenk zu finden. Dann bemerkt auch der Schwiegersohn, dass mit Herrn N. etwas geschehen ist. „Er hat es geschafft!" Für einen Moment herrscht Totenstille. Ich fange an zu schwitzen, fühle mich mitgerissen. Wir schauen uns an, dann Herrn N., sind verunsichert. So schnell? Dann doch so unvermittelt? Einfach so, während wir mit ihm sprechen? Ohne „Auf Wiedersehen" zu sagen?

Nach einer sekundenlangen Ewigkeit lasse ich den Schwiegersohn allein mit Herrn N., um meiner Kollegin Bescheid zu sagen. Der Rettungswagen für den Transport in die Klinik wird nicht mehr benötigt, Herr N. hat sich selbst gerettet. Ich stoße die Tür zum Dienstzimmer auf, neben meiner Kollegin steht noch der Arzt. Ungläubige Blicke auf meine Botschaft. Wir eilen zurück ins Zimmer, so als müssten wir uns alle noch einmal vergewissern. Der Schwiegersohn hält die Hand von Herrn N., sehr gefasst. Der Arzt, bewaffnet mit seinem Koffer, zaubert ein Mini-EKG hervor. Ab diesem Zeitpunkt wird meine Erinnerung verschwommen, fühlt sich an wie auf Watte. Herr N., der in Frieden unter meinen Händen und in Anwesenheit seines Schwiegersohns gestorben war, war nicht tot – zumindest sagt das der Arzt. Oder besser – sein EKG: minimale Herzaktionen. „Können Sie beatmen?", höre ich ihn noch fragen. Habe ich gerade „Ja" gesagt? Und warum soll der Notarzt kommen?

Herr N. wollte sterben, und gerade eben war es soweit! Er hat Abschied genommen. Er hat seine Augen geschlossen und aufgehört zu atmen. Ich weiß nicht, ob ich das noch gesagt habe, bevor ich das erste Mal Mund-zu-Nase beatmet habe, oder irgendwann danach. Ich sehe den Schwiegersohn vor mir, unglaubwürdige Blicke. Der Arzt macht Herzmassage, ich beatme wieder, immer abwechselnd. „Warum machen Sie das?" „Ich bin dazu verpflichtet", so der Arzt. Aber warum? So ganz vorschriftsmäßig läuft es nicht. Eigentlich müssten wir Herrn N. auf den harten Fußboden legen. Ich bin froh, dass wir es nicht tun. Dann kommt die Notarzt-Mannschaft. Vier Männer in rot, große rote Taschen mit gelben Buchstaben. Zwischen zwei Beatmungen versuche ich noch einmal zu sagen, dass Herr N. sterben wollte. Es nützt nichts. Die anderen übernehmen, zerren den leblosen Körper auf den Fußboden. Modernstes Gerät wird angeschlossen, verkabelt, Zugang gelegt. Suprarenin. Beatmung und Herzmassage nach Lehrbuch. Vordiagnosen? „Herzinsuffizienz, Zustand nach Status epileplicus." Medikamente? „Carbamazepin, sonst nichts." Merkwürdig – woher weiß ich das?

Der Schwiegersohn darf die Infusionsflasche hochhalten. Mittlerweile sind noch die Tochter und die Ehefrau von Herrn N. eingetroffen. Macht zusammen zehn Personen und mittendrin der leblose Herr N. Aufräumen im Zimmer, erst einmal ein paar Leute raus. Ich bleibe wie versteinert an den Füßen von Herrn N. stehen. Wie viel Zeit ist vergangen? 20 Minuten? 20 Stunden? Das große EKG des Notarztes sagt nichts anderes als das kleine – eigentlich gar nichts. Ich höre den Begriff „sterbendes Herz". Wen meint er? Mich? Die Tochter bahnt sich den Weg, weist mehrfach und eindringlich darauf hin, dass es der Wunsch ihres Vaters war, zu sterben. Fragende Blicke, sollen wir aufhören?

„EKG sieht nicht gut aus, das wird nichts mehr! Schluss!" Kommando zurück, modernes Gerät in die Taschen. Die Infusion läuft noch, vorbildlich vom Schwiegersohn hochgehalten. Eins-zwei-drei, dann liegt Herr N. wieder in seinem Bett. Zeitpunkt des Todes: 8 Uhr 50. Mehr als eine halbe Stunde nach dem eigentlichen Moment, in dem ich bei ihm sein durfte. Jetzt das große Aufräumen, haben wir alles? „Mein Beileid und Tschüss!"

Im Trubel versuche ich, Herrn N. zuzudecken, trete beinahe noch auf eine der roten Taschen. Ich gehe zur Ehefrau, die mit der Tochter vor der Tür sitzt. Viel kann ich nicht sagen, nur, dass es mir leid tut. Dann lasse ich die Familie allein mit Herrn N., gehe raus auf den Flur. Ich brauche erst einmal eine Wand und Luft. Der Schwiegersohn kommt aus dem Zimmer. Er lächelt mich an, hat Tränen in den Augen. Ich weiß nicht, ob man meine auch sieht. Er macht einen Witz: Ich solle besser nicht alle zu Tode rasieren, das würde schlechte Presse machen. Eigentlich geschmacklos, dennoch lächele ich zurück. Er bedankt sich. Wofür?

Ich weiß nicht wohin mit mir. Meine ganze geglaubte Professionalität scheint zu schwinden... Ich habe viele Menschen sterben, viele Tote gesehen, aber es war für mich das erste Mal, in diesem heiligen Moment dabei zu sein. Es hätte alles so friedvoll sein können, wenn der Arzt nicht mehr da gewesen wäre... Meine Kollegin steht vor mir und fragt mich, zu welchem Patienten ich denn jetzt gehen würde. „Ich gehe erst mal zehn Minuten nirgendwo hin", antworte ich und verschwinde. Aus dem Fenster gucken habe ich schon immer gern gemacht. Im Dienstzimmer treffe ich auf den Notarzt, der Einsatzbericht muss ausgefüllt werden. Mein Blick fällt auf das Wort Exitus. Kurz und bündig. Warum wir den Notarzt gerufen haben? Warum wir reanimiert haben? Meine Entscheidung war es nicht.

Oder doch? Wir hätten es nicht tun müssen? Das steht nirgendwo geschrieben? Und dann wieder „sterbendes Herz". Dieses Mal meint er mich.

Später an diesem Vormittag gehe ich wieder zu Herrn N., wasche ihn ein letztes Mal, schönes blaues Hemd. Das Zimmer ist schon fast leer. Die Angehörigen haben das Wesentliche mitgenommen, die Pantoffeln stecken im Papierkorb. Die Kollegin organisiert Blumen, ich öffne noch das zweite Fenster. Der Himmel ist mittlerweile strahlend blau, die Sonne scheint. Wenn Engel reisen. Die Hand ist ganz warm, ich drücke sie. Ob ich das Vaterunser bis zu Ende aufgesagt habe, weiß ich nicht mehr.

Der Arzt von heute morgen kommt noch einmal zur Leichenschau. „Sie haben gut beatmet heute Morgen, haben Sie das schon einmal gemacht? Also, was sind die drei sicheren Todeszeichen?" – Muss das sein? Ich stehe am Bett von Herrn N. und bekomme eine Lehrstunde in sicheren und unsicheren Todeszeichen. Herr N. hat mittlerweile unübersehbar sichere. Die Hand ist immer noch unglaublich warm.

Sterben, aber bitte in Frieden

Der Dienst geht zu Ende, ich bleibe einfach noch etwas länger sitzen, mag noch nicht nach Hause gehen, wo ich allein gewesen wäre. Später am Tag rufe ich eine Kommilitonin an und bitte sie, mit mir spazieren zu gehen. Es regnet wieder, ich brauche Ablenkung.

Gestorben ist mein Herz nicht, aber es ist seit diesem Sonntag schwerer geworden. Ich kannte Herrn N. kaum, und dennoch war er mir an diesem Januarmorgen einer der vertrautesten Menschen der Welt. Ich mochte ihn vom ersten Moment an. Ich habe die Angewohnheit, mich bei den Patienten mit Vornamen vorzustellen – Herr N. stellte sich ebenfalls mit seinem Vornamen vor, ein Spitzname sogar. Das passiert nicht oft. Von seinem Leben habe ich nicht viel erfahren – nur, dass er sich wünschte, dass es ein Ende nähme.

Und dann dieses Aussehen. Abgemagert bis auf die Knochen, kaum noch Haare, aber ein freundliches, offenes Gesicht mit großen Augen. Er war ein Verhandler. Er hat alles mit mir verhandelt. Waschen, aber nicht so gründlich. In den Sessel, aber nicht so lange. Essen und Trinken, aber nicht so viel. Sterben, aber bitte in Frieden. Auf alles konnte ich mich mehr oder weniger einlassen, nur den letzten Wunsch vermochte ich ihm nicht zu erfüllen.

Später erinnerte ich mich an eine Randbegebenheit: Herr N. legte sehr großen Wert darauf, seine Uhr auch beim Waschen am Handgelenk zu tragen – „Sie können mir alles nehmen, nur nicht meine Zeit." An diesem Sonntag verstand ich, was er damit meinte. Nur haben sich andere als Herren der Zeit aufgespielt. Wer konnte aber auch ahnen, dass der Arzt noch da ist? Warum habe ich mich in diesem Solidaritätskonflikt auf die Seite des Arztes, des „Kollegen", gestellt – wider besseren Wissens? Warum habe ich Dinge getan, die ich für unangemessen und ungerechtfertigt hielt? Warum habe ich nicht eindringlicher für Herrn N. gesprochen? Wo war meine Zivilcourage? Wo mein ziviler Ungehorsam?

Vor ein paar Tagen hatte ich wieder Dienst im Altenheim. In dem Zimmer von Herrn N. wohnte ein anderer Herr – ich habe mich geweigert, das Zimmer zu betreten –, eine Frau wäre etwas anderes gewesen. Auch wenn meine Kollegen zunächst etwas ungläubig wirkten, akzeptierten sie es dann doch. „Denkst du, dass du das Richtige studierst?" Doch, jetzt erst recht! Schwäche war schon immer meine Stärke. Ich bin nur noch nicht durch mit diesem Erlebnis, es beschäftigt mich sehr, auf vielfache Weise. Und was ist falsch daran, berührt zu sein? Die Bedeutung des Todes für das Bewusstsein vom Leben. Zwei unterschiedliche Welten, so nah beieinander. In Gedanken bin ich die Situationen dieses Sonntags immer wieder durchgegangen – auf der Suche nach einer Antwort. Welche Rolle habe ich gespielt? Welche der Arzt, der Notarzt? Der Schwiegersohn, die Ehefrau, die Tochter? Nicht zuletzt Herr N.? Aus welchem Grund sind die Dinge so geschehen und nicht anders? Warum hat die Familie gerade mal eine Viertelstunde benötigt – zum Verabschieden, Aufräumen, Wegwerfen?

Noch bevor Herr N. die zitierten sicheren Todeszeichen auswies, war der Bestatter verständigt, die Feuerbestattung geregelt und die Pantoffeln im Papierkorb. Trauerarbeit? Es scheint, als hatte der Tod niemanden überrascht, als wäre er eine Erlösung gewesen. Gab es noch andere Gründe, die der Ehefrau das Pflegen in letzter Zeit erschwert haben? Hat Herr N. auch mit ihr alles verhandelt? Warum war er so abgemagert? Starb er schon lange?

Herr N. konnte den Zeitpunkt für seinen Tod nicht günstiger wählen – kurz vor dem Abtransport in die Klinik. Hier hat er seinen Willen durchsetzen können. War er es vielleicht endgültig leid, wie ein unmündiges Kind behandelt zu werden? Hat ihn niemand ernst genommen?

Und der Arzt – war er nur gesetzestreuer Pflichterfüller? Musste er unter den gegebenen Umständen die Reanimation einleiten, oder hat er lediglich wissenschaftliche Regeln auf Kategorien von Patienten angewandt? Hätte er versucht, auf altmodische Weise mit seinen Händen die Pulse zu tasten, wäre er vielleicht zu einem anderen Ergebnis gekommen. Doch die Technik wusste es besser. Im Nachhinein fragte ich mich oft, wie er gehandelt hätte, wenn der Schwiegersohn nicht mit am Bett gestanden hätte – wäre dann ein würdevolles Sterben möglich gewesen, ohne Angst vor gerichtlichen Konsequenzen und unterlassener Hilfeleistung? Warum hat er nicht auf mich und auf den Schwiegersohn gehört? Sicherlich war es nett gemeint, mir am Totenbett noch etwas erklären zu wollen, aber merkte er nicht, dass ich nichts erklärt bekommen wollte?

Ich will ihm keinen Vorwurf machen, doch die Tatsache, dass er sich nach dem Eintreffen des Notarztes sehr schnell verabschiedete, lässt vermuten, dass er sich entziehen wollte. Auch das Gespräch während der Leichenschau war sehr distanziert, sehr technisch. Perfekte professionelle Gleichgültigkeit? Oder eine Verdeutlichung der allgemeinen Kommunikationsunfähigkeit in Krisensituationen? Es zeigte sich ganz offensichtlich, wer eigentlich die Probleme mit der Wahrheit, dem Sterben, am Krankenbett hat. Der Notarzt dann als Vollstrecker. Etwas lapidar bemerkte er, dass Herr N. recht dünn war und fragte, ob er krank sei. Nein, tot. Sich seiner Sache jedoch sicherer, objektiv, ohne Angst vor Konsequenzen, entschied er im Sinne der Angehörigen. Und im Sinne von N. Als Außenstehender schien er die Situation überblickt zu haben, sah, dass es keinen anderen Ausgang geben kann. Nur war auch diese Zeit unendlich lang.

Und ich? Hierarchisch, den Anweisungen eines approbierten Arztes folgend, habe ich einen in meinen Augen toten Menschen am Leben erhalten. Approbationsangst? Ebenfalls Angst vor rechtlichen Konsequenzen? Nein, keineswegs. Ein Altenheim ist und bleibt für mich ein Ort des Alters, und dazu gehört das Sterben. Ich wäre nicht stolz gewesen, Herrn N. das Leben zu retten – er wollte es nicht mehr haben! Ich hätte ihm nicht das Leben, sondern das Sterben verlängert. Rechtliche Konsequenzen? Doch – laut Paragraph 168 des Strafgesetzbuches macht sich wegen Störung der Totenruhe strafbar, wer „beschimpfenden Unfug" an einem Toten verübt. In meinen Augen war dieser Tatbestand erfüllt. Beschimpfender, unwürdiger Unfug. Und alles nur, weil ein Arzt anwesend war.

In der Routine erstickt

Tiefes Mitgefühl und auch Mitleid habe ich erst wirklich empfunden, als Herr N. bereits tot war. Entgegen meinen Prinzipien habe ich ihn und mich mit meiner Routine erstickt. Ich bin ihm nicht gerecht geworden. Diese Erkenntnis kommt mir leider zu spät. Als ich am Samstag, seinem letzten Tag, nach dem Mittagessen noch einmal bei Herrn N. war, um nach dem Rechten zu sehen, bat er mich, ihm beim Telefonieren zu helfen. Er wusste die Nummer nicht mehr auswendig, in seinem Telefonbüchlein fand ich sie nicht. Ich vertröstete ihn auf ein Später, das es nicht mehr gab. Wollte er sich von Freunden verabschieden? Jemanden um Hilfe bitten?

Selten habe ich so viel von der Arbeit mit nach Hause genommen wie an diesem Wochenende. Gedanken und Überlegungen. Schon am Samstag fühlte ich mich niedergeschlagen, hatte keine Lust auf Geburtstagsfeier, ohne zu wissen, warum. Doch – Herr N. hing mir nach, machte mich nachdenklich. Am Sonntag ergab dann auf einmal alles einen Sinn. Ich fühlte mich schuldig. Schuldig Herrn N. gegenüber. Natürlich wollte er nicht angezogen werden, schon gar nicht aufstehen. Und wozu essen und trinken, wenn man stirbt? Er war ein schlechter Verhandler, hat viel zu schnell meinem Gegenvorschlag zugestimmt. Vielleicht war es gerade seine resignierende Art, die mich aufforderte, mein ganzes Repertoire aufzufahren, vielleicht auch meine Unsicherheit.

Im Nachhinein bin ich mir sicher, dass Herr N. wusste, dass er in Kürze sterben würde. Fast genauso sicher bin ich mir, dass ich es gespürt habe. Angesichts dieses Schicksals haben wir füreinander gespielt – eine Art Beschäftigungsmaßnahme, um das Warten zu verkürzen? Oder Verdrängung? Vielleicht hat Herr N. meine Unsicherheit gespürt und aus diesem Grunde meinen Vorschlägen zugestimmt. Um mich nicht noch mehr zu verunsichern? Oder war er selbst zu verunsichert, wollte es nicht wahrhaben? Vielleicht habe ich durch meinen Aktivismus etwas zudecken wollen, meine ureigene Angst vor dem Unabänderlichen. Nein, nicht vielleicht, ganz bestimmt sogar. Die Gewissheit, mit der Herr N. seinen Wunsch zu sterben vorbrachte, machte mir Angst. Sie war anders, fern für mich, so hatte ich es selten gehört. Ich war in diesem Moment sprachlos, verwies nicht an höhere Instanzen, war wie gelähmt. Und so wollte ich es eigentlich nie machen. Ich bin es doch nicht, der stirbt! Ich weiß bis heute nicht, warum ich nicht nachgefragt, nicht zugehört, sondern Herrn N. allein gelassen habe, seinen und meinen Tod totgeschwiegen habe.

Ein Routineverhalten mag helfen, mit dem Tod umzugehen, doch die Angst vermag es nicht zu nehmen. Auch Herr N. hatte Angst, war sehr unruhig, das war zu spüren, im Nachhinein eindeutig. Und ich muss es gespürt haben! Doch anders als in meinen Vorstellungen gewollt, habe ich funktioniert, maschinell den Pflegeplan durchgezogen. Wem habe ich damit einen Gefallen getan? Es war mir nicht möglich, es wieder gut zu machen. Während Herr N. starb, verfiel ich in den gleichen schweigenden Aktivismus.

Mehr oder weniger vom Schwiegersohn hinausgeschickt, war ich es, der mit dem Arzt zurückkam. Die Tatsache, dass der Arzt noch da war, erschreckte mich – ich hatte nicht damit gerechnet, ihn noch anzutreffen, denn eigentlich sind Ärzte Mangelware im Altenheim, erst recht an einem Sonntagmorgen, doch er unterhielt sich noch mit meiner Kollegin. Zugleich ahnte ich, dass es nun kein gutes Ende mehr geben würde. Nicht zuletzt, weil ein Notarzt gerufen wurde. Aber wieder war ich wie gelähmt, vermochte nicht, eindeutig Partei für Herrn N. zu ergreifen. Was wäre gewesen, wenn ich mich geweigert hätte, ihn zu beatmen? Was, wenn ich versucht hätte, die Reanimation zu verhindern? Wenn ich seinem Wunsch entsprochen hätte? Es wäre gerecht, es wäre würdig gewesen. Aber in dieser Konstellation war es anscheinend nicht möglich. Ich sehe mich noch bei den Füßen von Herrn N. stehen, als der Notarzt schon da war. Ich habe gebetet. Gebetet, dass er es nicht schafft.

Was zählen Wünsche, was Bedürfnisse von Patienten?

Etwas nachdenklich sagte ich an einem der folgenden Tage zu einer Freundin, dass dies durchaus der letzte Tag für mich als Mediziner hätte sein können. Das ist nicht das Spiel, in dem ich mitspielen möchte. Ein Hardliner-Mediziner bin ich nie gewesen, und jetzt werde ich es erst recht nicht werden. Was ist das für eine Medizin, wenn kleine Geräte und Vorschriften mehr zählen als Worte, Wünsche und Bedürfnisse von Patienten, von Menschen? Wenn einem 83-jährigen Mann nicht gegönnt wird, in Ruhe und Frieden zu sterben? In einer Welt, in der jeder ums Überleben kämpft, sollten wir denen, die sich verabschieden, ihren Frieden gönnen. Kein Plädoyer für Sterbehilfe, sondern für mehr Menschlichkeit.

Warum hören wir nicht auf andere? Warum reden wir nicht miteinander? Was behandeln wir – Diagnosen oder Menschen? Was sind unsere Ziele? Verständigen wir uns überhaupt darüber? Wertschätzung? Respekt? Auf einem Plakat einer Gewerkschaft las ich vor kurzem folgenden Spruch: Die Würde des Menschen ist unantastbar. Auch wenn er krank ist. Vielleicht sollte dies der erste Artikel der medizinischen Standesethik werden... Ich kann das System nicht ändern, ich weiß. Ich kann mich nur bemühen, es anders, es besser zu machen. Eines habe ich ganz bestimmt gelernt an diesem Januarwochenende: Es sind nicht nur die großen Beziehungen, die engen Freundschaften, die langen Lebensabschnitte. Auch die kurzen Begegnungen können ungleich intensiv sein und mein Leben verändern.

Ich kannte Herrn N. kaum 24 Stunden, und dennoch hat er mit seinem Tod etwas in meinem Leben verändert. Er hat mich auf den Boden zurückgeholt, hat mir die Augen für etwas Wesentliches geöffnet: Jeder Mensch trägt seine eigene Armbanduhr und weiß von dem Moment, an dem er sie endgültig abzulegen hat. Ich muss mich bemühen, jedem Patienten in jeder Situation, in jeder Stunde und Minute, unvoreingenommen und mit einer gewissen Portion Unroutiniertheit gegenüberzutreten. Nur so vermag ich ihn zu verstehen. Nur wenn ich ihm als Mensch begegne, ihn wahrnehme, wird er mir als Mensch erscheinen. Arzt ist ein Beruf der Begegnungen. Kalter Egoismus fehl am Platz.

Ich habe dieses Narrativ vielen Kommilitoninnen und Kommilitonen erzählt – es ist nichts, das nur mich betrifft. Es betrifft uns alle. Ich weigere mich, meinen angestrebten Beruf zur Routine werden zu lassen. Ich will mich nicht zur Geißel von kleinen Geräten oder Parametern machen lassen. In gewissen Momenten verschwimmen die Grenzen – Arzt, Pfleger, Freund –, ich kann nicht sagen, was ich an diesem Morgen für Herrn N. empfunden habe. Und ich bin stolz darauf. Auf das, was passierte, allerdings nicht. Ich habe mich bei Herrn N. entschuldigt. Ich bin mir sicher, er hat es gehört.

Herr N. wird, solange ich lebe, in mir als Mahnmal meiner ärztlichen, ethischen und moralischen Grundsätze weiterleben – in der Hoffnung, in jedem Moment eine richtigere Entscheidung fällen zu können.

„Hermann Hesses Stufen", ein Gedicht, das mich seit vielen Jahren begleitet, ist mir an diesem Sonntag nicht aus dem Kopf gegangen. ... Lebensstufe, Zauber, Weltgeist, Todesstunde... Und besonders die letzten zwei Zeilen:

Des Lebens Ruf an uns wird niemals enden...
Wohl an denn, Herz, nimm Abschied
und gesunde.

Tim Niemeyer

(Tim Niemeyer: Wohlan denn, Herz gesunde!, www.uni-marburg.de/aktuelles/unijournal/jan2004/Sterbebegleitung)

Seite 240   Tafelbild: „Ist der Wunsch, sterben zu dürfen, zu respektieren?" – Eine Fallanalyse

Die Situation:
- Altenheim, fragwürdige Wiederbelebungsmaßnahmen bei einem Sterbenden
- Herr N. (83 Jahre), ausgezehrt, will sterben; er ist gegen seinen Willen zur Kurzzeitpflege im Heim, Herzstörungen, Atmung setzt aus
- Seine Frau war gestürzt und kann ihn nicht mehr pflegen
- Pfleger muss gegen seinen Willen bei den Wiederbelebungsmaßnahmen mitwirken
- anwesender Schwiegersohn ist überfordert
- Heimarzt sieht sich verpflichtet zu EKG, Herzmassagen, Notarztinformation
- Notarzt-Mannschaft, angefordert, setzt modernstes Gerät ein
- Tochter und Ehefrau verweisen mehrfach auf den Sterbewunsch des Vaters

Wer hat welches Interesse?
- Herr N. hat mit dem Leben abgeschlossen, will nicht mehr leiden.
- Pfleger und Angehörige wollen diesen Wunsch respektiert sehen.
- Heimarzt und Heimverwaltung wollen sich absichern, nicht gegen Vorschriften verstoßen.
- Notarztmannschaft will zunächst alles technisch Mögliche versuchen.

Folgen alternativer Verhaltensmöglichkeiten:
- Pfleger verweigert Mitwirken, Risiko rechtlicher Folgen, Beruf gefährdet
- Heimarzt ruft nicht den Notarzt: mögliche spätere Klagen der Angehörigen, verstößt gegen Heimvorschriften, gefährdet den Ruf des Heims
- Notarzt-Mannschaft macht nichts mehr, sind gerufen worden, Vorwurf der unterlassenen Hilfeleistung

Normen und ihre Begründung:
- einen 83-Jährigen in Frieden sterben lassen, seinen Willen respektieren
  → **Recht auf Selbstbestimmung, Würde des Menschen**
- keine Hilfe unterlassen, Leben retten, Leben erhalten bis zuletzt
  → **Ehrfurcht vor dem Leben, Pflicht des Helfens**
- Pflegevorschriften beachten, keine Grenzfälle zulassen
  → **Vertrauen in die Pflegeleistung (Ethik des Pflegens)**

Zuerst abwägen, dann entscheiden:
- Respektieren des Patientenwunsches nach „Sterben in Würde" enthält unter den gegebenen Umständen das Risiko einer Anklage wegen unterlassener Hilfeleistung und gefährdet den Ruf des Heimes

Den überzeugendsten Beitrag für den Umgang mit Sterbenden und ein Sterben in Würde leistet die Hospizbewegung. Im Kapitel „In Würde leben bis zuletzt – zum Beispiel die Hospizbewegung" (S. 244/245) lernen die Schülerinnen und Schüler diese Einrichtungen mit ihren allgemeinen Grundprinzipien kennen und setzen sich mit den Gründen auseinander, die Menschen bewegen, auch ehrenamtlich in der Hospizarbeit tätig zu sein. Die Begegnung und das Gespräch mit Mitarbeitern der Hospizbewegung vertieft nicht nur das Verständnis für diese Einrichtungen und das Empathievermögen, sondern stellt auch die eigene Einstellung und die Möglichkeiten und Grenzen des eigenen Engagements auf den Prüfstand. (Aufgabe 3 und 4, S. 245)

Seite 244/245   Tafelbild:

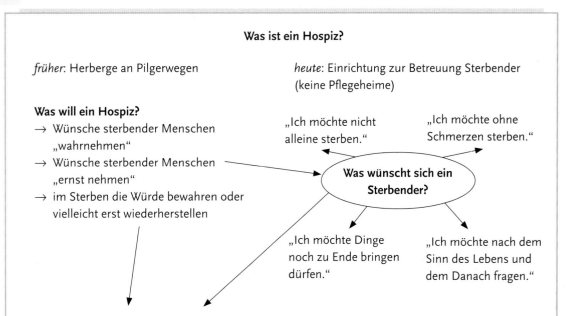

Was ist ein Hospiz?

früher: Herberge an Pilgerwegen

heute: Einrichtung zur Betreuung Sterbender (keine Pflegeheime)

Was will ein Hospiz?
- → Wünsche sterbender Menschen „wahrnehmen"
- → Wünsche sterbender Menschen „ernst nehmen"
- → im Sterben die Würde bewahren oder vielleicht erst wiederherstellen

Was wünscht sich ein Sterbender?
- „Ich möchte nicht alleine sterben."
- „Ich möchte ohne Schmerzen sterben."
- „Ich möchte Dinge noch zu Ende bringen dürfen."
- „Ich möchte nach dem Sinn des Lebens und dem Danach fragen."

Das wird ermöglicht durch 5 Kennzeichen:
1. Der Sterbende und seine Angehörigen sind der Mittelpunkt.
2. Medizinisches Personal und Helfer aus weiteren Berufsgruppen,
3. die „Ehrenamtlichen" (freiwillige Helfer/innen) machen Sterbebegleitung zu einer alltäglichen Begegnung.
4. Schmerzfreies Sterben ist oberstes Ziel,
5. Kontinuität der Fürsorge durch Betreuung rund um die Uhr, Begleitung der Familie auch noch nach dem Tod.

Gesellschaftliche Aspekte der Hospizbewegung
- → nach außen zeigen, dass Sterbende ein Teil unserer Gesellschaft sind
- → nach außen zeigen, dass Sterbende ein Recht haben, Raum einzunehmen

---

Material 13   Hermann Hesse

Stufen

Wie jede Blüte welkt und jede Jugend
Dem Alter weicht, blüht jede Lebensstufe,
Blüht jede Weisheit auch und jede Tugend
Zu ihrer Zeit und darf nicht ewig dauern.
5 Es muss das Herz bei jedem Lebensrufe
Bereit zum Abschied sein und Neubeginne,
Um sich in Tapferkeit und ohne Trauern
In andere, neue Bindungen zu geben.
Und jedem Anfang wohnt ein Zauber inne,
10 Der uns beschützt und der uns hilft zu leben.

Wir sollen heiter Raum um Raum durchschreiten,
An keinem wie an einer Heimat hängen,
Der Weltgeist will nicht fesseln uns und engen,
Er will uns Stuf um Stufe heben, weiten.
15 Kaum sind wir heimisch einem Lebenskreise
und traulich eingewohnt so droht Erschlaffen,
Nur wer bereit zu Aufbruch ist und Reise,
Mag lähmender Gewöhnung sich entraffen.

Es wird vielleicht auch noch die Todesstunde
20 Uns neuen Räumen jung entgegen senden,
Des Lebens Ruf an uns wird niemals enden...
Wohlan denn, Herz, nimm Abschied und gesunde!

(Hermann Hesse, Sämtliche Werke. Band 10 © Suhrkamp Verlag Frankfurt am Main 2002)

Seite 246–253

10. Was geschieht, wenn ein Mensch gestorben ist?
11. Trauer und Trost
12. Was kommt nach dem Tod?
13. Sterben, Tod und Trauer in anderen Kulturen

Am Anfang der Doppelseite „Was geschieht, wenn ein Mensch gestorben ist?" (S. 246/247) steht ein wichtiger Beitrag zur Enttabuisierung von Sterben und Tod. Schülerinnen und Schüler einer 9. Klasse präsentieren ihr Projekt innerhalb des Rahmens „Zeitung in der Schule". Sie besuchten ein Bestattungshaus und blickten hinter die Kulissen. Die Beschäftigung mit den Berichten dieses Projektes ist eine Hilfe, im Unterricht über persönliche Eindrücke, Empfindungen und kritische Wertungen von Beerdigungen zu sprechen, die sie selbst schon erlebt haben. Dabei sind mögliche Erfahrungsberichte von ausländischen Schüler/inne/n über den Ablauf von Beerdigungen in ihrem Heimatland (Aufgabe 4, S. 246) eine wertvolle Ergänzung und Erweiterung. Die Diskussion über die Notwendigkeit festgelegter Beerdigungsrituale unter Berücksichtigung der Bedürfnisse, der Interessen, der weltanschaulichen Hintergründe verschiedener Betroffenen fördert die wichtige ethische Kompetenz des Perspektivenwechsels. (Aufgabe 7, S. 247) Die bei Beerdigungen oft vorhandene Diskrepanz zwischen Persönlichkeit und Leben des Verstorbenen und den Beerdigungsritualen wird besonders von Jugendlichen oft mit Unverständnis erlebt. Der Text „Verlogene Rituale" (S. 247) setzt sich damit kritisch auseinander und kann das Interesse wecken, sich mit alternativen Beerdigungsformen zu beschäftigen.

Trauer ist die angemessene und notwendige Reaktion auf den Verlust eines geliebten Menschen. Man kann sie nicht abschütteln, sondern muss sie aushalten und verarbeiten. Das haben auch schon Kinder und Jugendliche dieser Altersstufe erfahren. Die Texte und das Bildmaterial im Kapitel „Trauer und Trost" (S. 248/249) ermöglichen den Schüler/inne/n über ihre Empfindungen und Erfahrungen zu sprechen. Sie verstehen so besser, warum es manchmal schwierig ist, sich Trauernden gegenüber richtig zu verhalten und sie setzen sich mit dem Sinn und den Motiven von unterschiedlichen Gedenkaktionen auseinander. Mit einer assoziativen Satzergänzungsübung (Aufgabe 11, S. 249) können sie formulieren und zusammenfassen, was ihnen zu Formen und Bedeutung des Trostes einfällt.

In der Frage „Was kommt nach dem Tod?" (S. 250/251) können die Schüler/innen nach der Durchführung und Auswertung der Umfrage „Nach dem Tode: Was glaubst du, was es gibt..." über die Beweggründe diskutieren, die zu den verschiedenen Ergebnissen geführt haben und mit ihrer eigenen Einstellung vergleichen. Die Zitate über ein Weiterleben nach dem Tod und über die Verdrängung der Sterblichkeit vertiefen das Thema und stellen die Frage nach der existenziellen Bedeutung dieser Hoffnungen und dieses Verhaltens. Mit der vergleichenden Untersuchung der Berichte aus Mexiko, Ostafrika und Indien über „Sterben, Tod und Trauer in anderen Kulturen" (S. 252/253) beschäftigen sich die Schüler mit der ideengeschichtlichen Perspektive des Themas. Dabei kann die ungewohnte Vorstellung eines „Festes" im Zusammenhang mit Sterben und Tod eine Diskussion anregen über die kulturellen und religiösen Hintergründe dieses Verhaltens und bewusst machen, wie sehr die Menschen angesichts der eigenen Ohnmacht gegenüber Sterben und Tod in allen Kulturen nach religiösen Antworten suchten.

Exemplarische Unterrichtsstunde

Seite 228/229 **Beispiel: Was heißt eigentlich „alt"?**

Phase	Inhalte	Arbeitsformen	Medium
Einstieg	Alt ist für mich jemand .... Altern bedeutet für mich... Altsein bedeutet für mich ... Wenn ich 70 bin .... Sammeln der Schüleräußerungen und Anpinnen der Zettel oder Karten an geeigneten Wandflächen, Gelegenheit zum Lesen aller Äußerungen	Assoziative Satzergänzung	Metaplan-Materialien (Pinnwand, größere Wandfläche, großformatige Moderationskarten oder Zettel, Markierungspunkte in verschiedenen Farben)
Problematisierung und Erarbeitung	1) Wie lassen sich die Äußerungen ordnen und zusammenfassen? • Eingehen auf Gemeinsamkeiten, Unterschiede, aus dem Rahmen fallende Aussagen • erste Bewertungskriterien: begründete persönliche Einschätzungen, wichtige, allgemeingültige Aussagen, relative Aussagen	LSG, Sortieren, Umstecken der Kärtchen, Markierungspunkte für bestimmte Kriterien anbringen	problematisiertes und vertieftes Arbeiten mit Schüleraussagen
	2) Einführung der Begriffe „biologisches Altern", „soziales Altern", „individuelles Altern" • Stichworte sammeln • Unterschiede begründen • durch weitere Beispiele ergänzen (z. B. Buch S. 228/229)	Erarbeitung der zugehörenden drei Tabellen	Wandtafel, Pinnwand Bildmaterialien (zum Beispiel S. 228/229, 231)
	3) Wofür sind wir zu jung oder zu alt? Relativität der Begriffe an konkreten Beispielen 4) Fragen formulieren (als Grundlage für Folgestunden) zu den Auswirkungen, Folgen, Problemen und Verantwortlichkeiten der jeweiligen Alternsaspekte.	LSG	Tafelstichworte
Ergebnissicherung	Planung und Erarbeitung einer Collage oder eines Lernplakates zu den 3 Aspekten des Alterns	Arbeitsgruppen	Material zur Plakatgestaltung
Zusätzlich für Hausarbeit, Referate usw.	Wenn Menschen nicht altern wollen • Dorian Gray • Tithonos	häusliche Arbeitsformen	Buch S. 229 Internetrecherchen

Kompetenzhinweise

In besonderer Weise werden bei dieser Unterrichtseinheit die personalen Kompetenzen gefördert:
- die Einsicht wecken, dass Altern ein unumkehrbarer biologischer Vorgang jedes Individuums ist und Probleme mit sich bringt, die jeder Mensch persönlich bewältigen muss,
- Empathie, Verständnis und persönliche Verantwortungsbereitschaft stärken durch Begegnungen, Beobachtungen und Informationen zur Lebenssituation alter Menschen in der Umgebung (Begegnungen in der Familie, Altenheimbesuche usw.),
- die Empathie und die soziale Verantwortung stärken durch Problematisieren der Wertehierarchie einer an Fortschritt, Wachstum, Leistung, Jugendlichkeit orientierten Gesellschaft und Analysieren der Folgen für das Leben alter Menschen heute und für die Gesellschaft der nächsten Generationen,
- die Bereitschaft wecken, den Wandel im Staus alter Menschen wahrzunehmen, und sie nicht nur als Last sondern auch als persönliche und gesellschaftliche Bereicherung zu erleben.

Im Umgang mit Altern, Sterben und Tod stehen grundsätzliche ethische Werte auf dem Prüfstand: das Recht auf ein menschenwürdiges Dasein, die Ehrfurcht vor dem Leben, die Würde des Menschen, das Recht auf Selbstbestimmung, Nächstenliebe, Helfen und Verantwortung übernehmen.
Dabei entstehen auch Wertekonflikte, die in der Öffentlichkeit diskutiert werden. Die Unterrichtseinheit trägt dazu bei, dass die Schülerinnen und Schüler in solchen strittigen Fragen einen eigenen Standpunkt vertreten und dabei auch ethisch argumentieren.

Lernen vor Ort durch Exkursionen (Altenheime, Altentagesstätten, Pflegeheime, Hospize, Bestattungsunternehmen usw.), Betroffenenbefragung (alte Menschen, Angehörige usw.) und Expertenbefragung (Pfleger, Hospizmitarbeiter, Sozialarbeiter usw.) sind gerade bei dieser Unterrichtseinheit wertvolle Ergänzungen zur Öffnung des Ethikunterrichts.

Vorschläge für Klassenarbeiten

Die Unterrichtseinheit bietet verschiedene Möglichkeiten, Fachwissen mit dem dazu erforderlichen Verständnis nachzuweisen. Einige Beispiele mit direkten Fragen:

1. *Benennt physische, psychische und soziale Erscheinungsformen des Alterns und veranschaulicht sie an konkreten Beispielen. (Seite 228ff.)*

2. *„Unsere Gesellschaft orientiert sich am Ideal der Jugend und ist deshalb altenfeindlich."*
   Inwiefern trifft diese Behauptung zu? Erklärt an Beispielen den Begriff Altersdiskriminierung. Beschreibt und gewichtet gegenläufige Tendenzen in unserer Gesellschaft.

3. *„Vitalität als kulturelle Norm für das Alter" – Interpretiert diese Aussage auch in Bezug auf den zu beobachtenden Wertewandel, belegt eure Aussagen durch Beispiele und bezieht kritisch Stellung dazu.*

4. *Die derzeitig bestehende Gesetzeslage zur Sterbehilfe ...*
   a) unverändert lassen?
   b) verschärfen?
   c) liberalisieren?
   Benenne zunächst die bestehende Gesetzeslage und argumentiere dann aus der Sicht der jeweiligen Position (Zielvorstellung für mögliche Veränderungen, Pro- und Kontra-Argumente). Begründe abschließend deine eigene Position.

In ähnlicher Weise lassen sich aus fast allen Kapiteln dieser Unterrichtseinheit Wissensfragen, Verständnisfragen und Kompetenznachweise (benennen, beschreiben, argumentieren, begründen, bewerten, gewichten...) ableiten. Anregungen dazu findet man in vielen Aufgabenstellungen und auf den Überprüfungsseiten.

Alternative Möglichkeiten:

1. *Bewertete Präsentationen von Exkursionen oder Projektbeiträgen.*

2. *Interpretation von Fotografien, Bildern, Karikaturen, Lebensweisheiten usw. mit den entsprechenden Leitfragen, sofern sie für die Bewertung von Bedeutung sind. Diese Leitfragen hängen von den jeweiligen Unterrichtsschwerpunkten ab.*

Religionen: Christentum und Islam

Vorschläge zur Unterrichtsplanung

Vorbemerkungen: Für beide Weitreligionen sind in den Seiten 256–307 umfangreiche Informationen und vielseitige Materialien (Abbildungen, Grafiken, Stellungnahmen, Erfahrungsberichte, methodische Hinweise) zusammengestellt. Ein ausführlicher unterrichtlicher Durchgang, der alle Möglichkeiten berücksichtigt, ist schon aus zeitlichen Gründen nicht umsetzbar. Das reichhaltige Angebot des Buches bietet die Möglichkeit, je nach den örtlichen Gegebenheiten auszuwählen und Schwerpunkte zu bilden. Unter diesem Gesichtspunkt kann man einzelne Kapitel kürzen oder auch weglassen und dafür andere Kapitel schwerpunktmäßig vertiefen. Vor allem, wenn muslimische Schüler in der Ethikgruppe sind, bietet es sich an, die personalen Bezüge in den Mittelpunkt zu stellen. In diesem Fall ist es vorteilhaft, die Behandlung dieser Unterrichtseinheit parallel zum islamischen Fastenmonat Ramadan zu legen. Dadurch wird ein persönlicher Erfahrungsaustausch möglich, der sich auf die Motivation der Schülerinnen und Schüler günstig auswirkt.

Sind diese Voraussetzungen nicht gegeben, lassen sich auch die gesellschaftlich relevanten Bezüge der beiden Religionen vertiefter erarbeiten. Man kann dann entsprechend auswählen und problematisieren.

Die folgenden Vorschläge können dazu als Anregung dienen. Darüber hinaus gibt es auch Inhalte, die als unverzichtbare Grundlage behandelt werden müssen. Solche Inhalte sind im Folgenden in beiden Vorschlägen aufgeführt.

Vorschlag 1: Christentum und Islam – im Kontext persönlicher Aspekte:

1. Religiöse Praxis im Alltag

Christentum	Islam
• persönliche Bedeutung religiöser Feiertage (Osterbräuche, Weihnachten im Kreis der Familie, Bedeutung des Sonntags ...) S. 258/259 • Jesus – ein Porträt (S. 262/263) • Sakramente, Riten, Bräuche (Erfahrungen, Beobachtungen, Wertungen) (S. 260/261)	• Was bedeutet die Moschee für Muslime? (S. 282/283) • Wie erleben und bewerten Muslime ihre persönlichen religiösen Pflichten, ihre Feiertage und Feste (z. B. Fest des Fastenbrechens)? (S. 284–289 in Auszügen) • Mohammed – ein Porträt (S. 280)

2. Grundlagen christlicher und islamischer Ethik

Christentum	Islam
• mit der Bergpredigt leben (persönliche Konsequenzen und Wertungen) (S. 266/267) • das Doppelgebot der Liebe (S. 268/269) • Bedeutung von Christentum und Kirche für unser Leben heute: z.B. Diskrepanz zwischen modernen Lebensvorstellungen und der Sexualethik christlicher Amtskirchen (S. 274/275) oder neue Sehnsucht nach Religion(S. 259 oder 274) • das gemeinsame Grundethos (S. 305)	• der Koran und seine persönliche Auslegung (S. 290/291/292) • religiöse Pflichten für alle Muslime und ihre Erfüllung in der täglichen Lebensgestaltung (die fünf Säulen, der Dschihad, Einfluss von Tradition und Sitte) (S. 284/285, S. 298) • das gemeinsame Grundethos (S. 305)

3. Die zentrale Glaubensgrundlage

Christentum	Islam
• das Kreuz als Symbol persönlicher Hoffnung über den Tod hinaus (der gekreuzigte Jesus Christus als Sohn Gottes) (S. 264/265)	• das Glaubensbekenntnis (die Schahada) (S. 284) • Mohammed (der Prophet des einen Gottes) (S. 280/281) • der Koran (als Richtschnur für die persönliche Lebensgestaltung) (S. 290/291) • die Verkündigung des „Islam" („sich Gott hingeben") (S. 280/290/291)

4. Leben als Christ oder als Muslim in Deutschland

Christentum	Islam
• Dienst am Nächsten (S. 269) • Begeisterung an Weltjugend- und Kirchentagen (S. 274/275) • Kritische Anfragen an die Institution Kirche, Kirchenaustritte (S. 276/277) • Christentum und Islam im Dialog (S. 302/303)	• Muslime in Deutschland (S. 300/301) • persönliche Auswirkungen und Wertungen von religiösen Verbindlichkeiten, traditionellen Bindungen • hierarchischen Strukturen innerhalb der Familie, Konflikte in Schule und Freundeskreis (S. 292/293, 295, 296/297 – jeweils in Auszügen)

Vorschlag 2: Christentum und Islam im Kontext gesellschaftlicher Aspekte

1. Erscheinungsformen von Christentum und Islam

Christentum	Islam
• persönliche und soziale Bedeutung des Sonntags, christlicher Feste und Feiertage angesichts einer fortschreitenden Säkularisierung (S. 258/259) • Sakramente, Riten, Bräuche als persönliche Lebensbegleiter und ihre gesellschaftliche Akzeptanz (S. 260/261) • karitative Einrichtungen und Aktionen (S. 261, 269)	• die Moschee, der öffentliche Mittelpunkt islamischen Lebens (Funktion und Bedeutung für eine muslimische Gemeinde, Einrichtungen, Moscheebesuch, Moscheebauten und das Minarettproblem, Probleme der Akzeptanz und Toleranz ...) (S. 279, 282/283) • der islamische Kalender (S. 288)

2. Ein Blick auf geschichtliche Entwicklungen in Christentum und Islam

Christentum	Islam
• Wer war Jesus von Nazareth? (soziales und religiöses Umfeld, die Messiaserwartung, Leben und Wirken, der Prozess Jesu, die vier Evangelien des Neuen Testamentes) (S. 262/263) • 2000 Jahre Christentum – mit ausgewählten Schwerpunkten, möglich auch als fächerübergreifender Projektunterricht (S. 270–273)	• Mohammed, der Prophet und Religionsstifter (S. 280) • Ausbreitung und Verbreitung des Islam, Sunniten und Schiiten (S. 281) • Einflüsse islamischer Kultur auf Europa (S. 278/279)

3. Christliche und islamische Ethik: persönliche Orientierung und gesellschaftliche Verantwortung

Christentum
- die Bergpredigt fordert Veränderungen in unserer Gesellschaft (S. 266/267)
- der Dienst am Nächsten als zentrale Verpflichtung christlichen Handelns (S. 268/269)
- die Kirche als Anwalt der Armen (S. 272)
- Leitgedanken als Programm für eine bessere Welt (S. 275)
- Kritik an der Institution Kirche (S. 276/277)

Islam
- der Koran als Richtschnur für die islamische Welt (der Koran als Buch, das Problem der Auslegung) (S. 290/291, S. 295)
- religiöse Pflichten für alle Muslime (die fünf Säulen, Aspekte der Einheit der islamischen Welt, z. B. das weiße Pilgergewand, die vorgeschriebene Gebetsrichtung usw.)
- Dschihad und Scharia (S. 298/299)
- islamische Ethik im Spannungsfeld moderner Gesellschaftsstrukturen (Gleichberechtigung der Frau, Familien- und Scheidungsrecht, im Konflikt mit Vorstellungen der modernen Gesellschaft) (S. 292–297)

4. Christentum und Islam im Dialog

Christentum
- Christentum heute in Deutschland (große Events, Kritik an der Institution, Kirchenaustritte, Kampf um Reformen) (S. 274–277)
- herausgefordert von den globalen Problemen der Gegenwart (S. 273)
- Anstöße zum Dialog mit dem Islam (S. 302/303)
- Ein Weltethos als Hoffnungsvision (S. 304/305)

Islam
- Muslime in Deutschland (S. 300)
- Probleme der Integration (S. 301)
- das Problem der Feindbilder (S. 302)
- Voraussetzungen für einen Dialog zwischen den Religionen (S. 303)
- das gemeinsame Grundethos (S. 305)

Allgemeine Erläuterungen zur Unterrichtseinheit: Christentum

Die Schülerinnen und Schüler lernen ausgehend von christlichen Festen und Bräuchen Leben und Wirken des Jesus von Nazareth kennen und beschäftigen sich an ausgewählten Beispielen mit seiner Lehre als Kernpunkt des Christentums. Dabei kommt der Deutung des Prozesses Jesu, des Kreuzestodes und der Gottessohnschaft eine besondere Bedeutung zu, weil hier grundsätzliche Unterschiede zum Judentum und zum Islam vorhanden sind. Die Forderungen der Bergpredigt und das Doppelgebot der Liebe bestimmen die Grundzüge christlicher Ethik und stehen im Zentrum der Unterrichtseinheit.

Gerade für den Ethikunterricht ist es wichtig, zwischen der christlichen Lehre und der Kirche als Institution zu unterscheiden und die Orientierungsfunktion ins Zentrum zu stellen. Ein Überblick über 2000 Jahre Christentum liefert dazu die inhaltlichen Grundlagen und auf dieser Basis können die Schülerinnen und Schüler sich mit den äußeren Erscheinungsformen des heutigen Christentums und den inneren Erwartungen an die Institution Kirche fundiert auseinandersetzen und auch kritisch Stellung beziehen. Dadurch leistet der Ethikunterricht auch einen Beitrag zum Verständnis der christlich-abendländischen Kulturtradition und zeigt an Beispielen auf, wie sehr die religiös-ethischen Traditionen des Christentums Geschichte und Gegenwart auch in Deutschland beeinflusst haben.

Leitfaden für mögliche Unterrichtssequenzen

Ein kritischer Blick auf Sinn und Bedeutung der äußeren Zeichen des heutigen Christentums bietet einen schülernahen Zugang zur Behandlung des Christentums im Ethikunterricht. Christliche Feiertage (S. 258), besonders Ostern als das höchste Fest der Christen, das Problem der Säkularisierung (S. 259), christliche Sakramente und Riten, und Beispiele christlichen Brauchtums (S. 260/261) stehen deshalb am Anfang der Unterrichtseinheit und werden problematisiert. Vorbereitet durch einen Überblick über die Umwelt Jesu (S. 262) ermöglicht das Jesus-Porträt (S. 263) die wichtigsten Lebensstationen aus dem Leben und Wirken des Jesus von Nazareth kennenzulernen, den Prozess Jesu mit den wichtigsten Hintergründen zu verstehen und die Bedeutung des Auferstehungsglaubens für die Anfänge des Christentums zu erkennen. Mit der Bergpredigt und ihren Grundforderungen christlicher Ethik (S. 266/267) und mit dem Gleichnis vom barmherzigen Samariter (S. 268/269) setzen sich die Schülerinnen und Schüler mit den Kernpunkten christlicher Ethik auseinander: Gewaltlosigkeit, Versöhnung, Frieden, Gerechtigkeit für alle sozialen oder religiösen Gruppierungen, Dienst am Nächsten als zentrale Verpflichtung christlichen Handelns. Bis heute wird die Bedeutung des Christentums daran gemessen und bewertet, inwiefern die Institution Kirche diesen ethischen Grundforderungen gerecht werden kann.

Seite 266/267   **Tafelbild: Mit der Bergpredigt leben?**

Wie sollen wir leben?		Wie soll das gehen?
... nach den Grundsätzen der Bergpredigt:	... gegen die Grundsätze der Bergpredigt:	→ „Halte dem, der dich auf die rechte Wange schlägt, auch die andere hin!"
• kommt Menschenwürde allen Menschen zu	• sind die Armen nichts wert	→ „Richtet nicht, damit ihr nicht gerichtet werdet!"
• werden Menschen, denen es schlecht geht, getröstet	• werden die Leidtragenden ausgeschlossen	→ „Du siehst den Splitter im Auge deines Bruders, aber nicht den Balken im eigenen Auge."
• bewahrt Gewaltverzicht Leben und Lebensgrundlagen	• wird der, der nachgibt und den Frieden sucht, an die Wand gedrückt	→ „Liebt eure Feinde und betet für die, die euch verfolgen!"
• findet jeder Gerechtigkeit	• geht Macht vor Recht und Geld regiert die Welt	**Kritiker der Bergpredigt sagen, das kann nicht gehen, weil**
• wird Barmherzigkeit geschätzt	• wird den Barmherzigen nicht gedankt	• jeder befürchtet, dass er untergeht, wenn er sich schwach macht.
• wird Ehrlichkeit geschätzt	• werden die Ehrlichen übers Ohr gehauen	• die politisch Verantwortlichen sich nicht wehrlos der Machtpolitik anderer ausliefern dürfen.
• werden die Friedfertigen auch Frieden stiften	• geraten die Friedfertigen zwischen die Fronten	**Meine Meinung dazu ist:**
• lohnt es sich, für Gerechtigkeit zu kämpfen	• haben Menschen, die für Gerechtigkeit kämpfen, keine Chance	_____ _____ _____ _____

Eine Aufarbeitung der Geschichte des Christentums ist im Rahmen des Ethikunterrichts nur in Ansätzen möglich. Der Blick auf 2000 Jahre Christentum (S. 270–273) versucht diesen Anspruch an ausgewählten Stationen und Beispielen zu erfüllen und bietet viele Möglichkeiten für einen kritischen-wertenden Rückblick auf die Entstehung und Entwicklung der Institution Kirche und ihrer Interpretation der christlichen Werte. Heute sind die christlichen Kirchen herausgefordert von den globalen Problemen der Gegenwart. Dazu werden die Schülerinnen und Schüler angeregt, sich mit den konkreten Antworten auseinanderzusetzen, die einerseits die Amtskirche und andererseits der gläubige und seinen Glauben praktizierende Christ darauf gibt und welcher Reformbedarf gegenwärtig vorhanden ist.

Große christliche Events wie Weltjugendtage oder Kirchentage beider Konfessionen finden großen Zulauf vor allem bei den Jugendlichen, entsprechend groß ist das Medieninteresse. Wie viel am Christentum orientiertes religiöses Engagement steckt dahinter? Welche Bedeutung haben diese Großveranstaltungen für den Alltag des einzelnen Christen und für die Bewältigung der globalen Probleme? Im Kapitel „Christentum heute: große Events – kritische Fragen" (S. 275) beschäftigen sich die Schülerinnen und Schüler mit der Frage, was Christentum und Kirche für unser Leben heute noch zu sagen haben und stellen dabei auch die formulierten Leitgedanken und ihre Realisation im Nah- und Fernbereich auf den Prüfstand und beziehen Stellung dazu.

Die kritische Auseinandersetzung mit der Institution Kirche (S. 276/277) ist ein wichtiger Bestandteil des Ethikunterrichts beim Behandeln des Themas Christentum. Exemplarisch ausgewählt lernen die Schülerinnen und Schüler religionskritische Stellungnahmen kennen, veranschaulichen allgemeine Kritikpunkte, an konkreten Beispielen analysieren sie aus Sicht der Amtskirche und der Protestbewegung. Dabei wird es wichtig sein, die Forderungen an eine Reform der Amtskirche aus Sicht junger Menschen und damit aus ihrer eigenen Sicht zu bewerten.

Material 13   Stellungnahmen zur Bergpredigt

Franz Alt[1]

Die Bergpredigt stellt keine unerfüllbaren Forderungen

Jesus stellt vieles auf die Füße, was vor ihm verkehrt und auf dem Kopf stand. Ihm geht es nicht um religiöse Formeln, sondern um Inhalte; nicht um förmliche Gerechtigkeit, sondern um Liebe; nicht um Theorie, sondern um Praxis, nicht um Friedensgerede, sondern um Friedenstaten, nicht um die Lehre, sondern um das Leben.

5 Gilt die Bergpredigt nur für eine paradiesische Endzeit oder schon für diese Welt? Die Welt der Bergpredigt ist im Gegensatz zu dem, was in frommen Büchern dazu steht und in wortgewaltigen Predigten dazu gesagt wird, unsere Welt. Im Jenseits wird vermutlich nicht geschossen und nicht geschlagen, es wird wohl auch keine Gerichtshöfe und keine Gefängnisse geben. Die Bergpredigt handelt vom Anfang bis zum Schluss von unserer Welt. Jesu Schlüsselworte sind „jetzt" und „neu". Seine
10 Lehre ist keine Vertröstungsideologie, sondern eine Seligpreisung der Friedensstifter, ein Angebot für eine bessere Welt. Wen die Bergpredigt gepackt hat, den durchdringt Jesu Provokation: „Ich bin der Weg, die Wahrheit und das Leben." Jesus stellt auch keine unerfüllbaren Forderungen, wie so oft behauptet wird. Er ist Bruder und nicht ein grausamer Despot, der ein böses Spiel mit uns treiben will. Jesus brachte radikal Neues für diese Welt. Seine Moral ist nicht weltfremd, sondern weltverändernd
15 […]

Das neue, 2 000 Jahre alte Menschenbild der Bergpredigt ist ein Aufruf: Entscheidet euch gegen das Gesetz der Gewalt und Vergeltung für das Gesetz der Liebe und Vergebung! – Bedenkt, dass ihr Menschen seid, und vergesst alles andere! Arbeitet an der Überwindung des unmenschlichster aller Dogmen: dass der Mensch unverbesserlich sei! Die Kirchen lehrten bisher entweder eine heillose Welt
20 oder ein weltloses Heil. Doch seit der Bergpredigt könnten wir wissen: Das Heil ist nicht weltlos und die Welt ist nicht heillos. Wenn wir mitarbeiten an der Heilung der Welt – dann werden wir verstehen und erfahren: Frieden ist möglich.

(Franz Alt: Frieden ist möglich © 1983 Piper Verlag GmbH, München)

---

[1] geb. 1938, Journalist und Buchautor

Material 14

Max Weber[1]

Die Feindesliebe gehört zur Gesinnungs-, nicht zur Verantwortungsethik

Mit der Bergpredigt [...] ist es eine ernstere Sache, als die glauben, die diese Gebote heute gern zitieren. [...] Wenn es in Konsequenz der akosmistischen Liebesethik heißt: „dem Übel nicht widerstehen mit Gewalt" – so gilt für den Politiker der Satz: du sollst dem Übel gewaltsam widerstehen, sonst – bist du für seine Überhandnahme verantwortlich.

(Max Weber, Politik als Beruf, Tübingen 1974 [v 1919], S. 550f.)

Material 15

Pinchas Lapide[2]

Interpretationen der Bergpredigt

Die **Erste** kann man die perfektionistische Auffassung nennen. Sie sieht in der Bergpredigt eine Liste von Supergeboten, die klipp und klar sagen: Dies alles musst du tun, damit du selig wirst. Billiger ist die Seligkeit eben nicht zu haben. So gesehen ginge es hier um eine übertriebene Gesetzlichkeit, die aus der Sicht von Paulus und Luther als krasse Ketzerei zu verpönen wäre. Mehr noch! Ein Schulbeispiel für die berüchtigte „Werkgerechtigkeit", die das Heil durch Taten verdienbar macht und ihre eigene Himmelsleiter bauen will. Demgemäß wird die Bergpredigt als „Mosissimus Mose" verstanden, wie ein Lutherwort besagt, nämlich als Inbegriff des starren Legalismus.

Die **Zweite** ist die Theorie der Unerfüllbarkeit, die davon ausgeht, dass alle diese Forderungen eigentlich übermenschlich sind und nur den Zweck haben, dem Menschen seine eigene Unzulänglichkeit einzubläuen.

Nach dieser Auffassung ist die Bergpredigt dem Menschen auferlegt, damit er über sie stolpere. So soll der Mensch seiner Erlösungsbedürftigkeit überführt werden, damit er zerknirscht das Evangelium von Gottes barmherziger Vergebung zu hören bereit wird.

In den Worten von Gerhard Kittel: „Der Sinn der Bergpredigt ist: Niederreißen. Sie kann nur zerbrechen. Sie hat letzten Endes nur den einen einzigen Sinn: Die große Not des empirischen Menschentums aufzuweisen und bloßzulegen." Anders gesagt: All dies solltest du tun, du jämmerlicher Schwächling, aber du kannst es ja nicht, wie du selber weißt. Also bedarfst du der Gnadenliebe Gottes für alles, was du unternimmst.

Die **dritte** Theorie, die von der sogenannten „Interimsethik" spricht, kann man als Torschlusspanik bezeichnen. Sie sieht in der Bergpredigt einen Aufruf zur äußersten Anstrengung, ehe die bevorstehende Katastrophe des Jüngsten Gerichts anbricht. Nun reiß dich doch ein letztes Mal zusammen, du armer Teufel, bevor es zu spät ist! So steht da zwischen den Zeilen, denn Gottes Gnadenfrist läuft ja vielleicht schon morgen ab. Da sich aber Jesus in seiner intensiven Naherwartung des Vergehens dieser Welt und der Ankunft des „Himmelreiches" als eines völlig anderen Neubeginns geirrt hat, wie inzwischen auch von namhaften Theologen zugegeben wird, droht diese apokalyptische Deutung die Bergpredigt ihrer heutigen Relevanz zu berauben.

Die **vierte** Deutung vergleicht die Imperative der Bergpredigt mit der nüchternen Realpolitik der letzten 4 000 Jahre Weltgeschichte und kommt – mit einem hörbaren Seufzer der Erleichterung – zum Schluss, dass sie auf einer moralischen Schwärmerei beruht, die man getrost als Utopie abschreiben kann. Utopie im wörtlichen Sinne des Begriffes: als etwas ohne Standort, also nicht von dieser Welt, kurzum: als heimatlos auf unserer Erde und daher völlig belanglos für die Politik.

Eine **fünfte** Deutung beteuert, die Bergpredigt gelte nur für den engeren Jüngerkreis Jesu und rufe nur die von ihm Auserkorenen in seine Nachfolge. Hiermit wird zwischen unserer heutigen Welt und dem damaligen Galiläa ein Vorhang der heilsamen Ferne geschoben, der es der weltmännischen Abwehr ermöglicht, dem Text seinen kritischen Stachel zu nehmen und die Forderungen der Bergpredigt als naive Bilderrede abzutun.

Ein **sechster** Verstehensversuch fußt auf jener Radikalitätsromantik, die in ein paar einfachen aber großartigen Ansprüchen an der Komplexität des Lebens vorbeizugehen gewillt ist. So wird die Bergpredigt zu einem zeitlosen, allgemein gültigen Handbuch der Ethik für die Menschheit erhoben, die alles verlangt, aber im Grunde zu nichts verpflichtet.

Eine **siebte** Deutung sieht in ihr den Wegweiser zur richtigen Gesinnung im privaten Bereich, die dem Einzelnen zum richtigen Verhältnis zu Gott verhelfen will.

(Pinchas Lapide: Die Bergpredigt – Utopie oder Programm? © Matthias-Grünewald-Verlag, 8. Auflage 1992, S. 8 ff.)

---

[1] 1864–1920, dt. Soziologe

[2] 1922–1997, jüdischer Theologe und Religionswissenschaftler, herausragend war sein Engagement für den christlich-jüdischen Dialog

Exemplarische Unterrichtsstunde

Seite 258/259

Beispiel: Feiertage – freie Tage?

Phase	Inhalte	Arbeitsformen	Medium
Einstieg	Aufteilen der Klasse: Jeder Schüler der Gruppe 1 schreibt stichwortartig alles auf, was ihm zu „Ostern" einfällt. Gruppe 2 entsprechend für das Stichwort „Sonntag", festhalten der Antworten je an einer übersichtlichen Wandstelle.	Gruppenarbeit Metaplan Antworten so groß schreiben lassen, dass alle Stichworte von einem Halbkreis aus lesbar sind.	Metaplan-Materialien (Pinnwand, größere Wandfläche, Zettel)
Problematisierung und Erarbeitung	1. a) Markieren aller Stichworte, die etwas mit dem Christentum zu tun haben b) Analyse der Ergebnisse, mögliche Gesichtspunkte: erwartet?, überraschend? am häufigsten? aus dem Rahmen fallend? Erklärungen? Ursachen? Wie und von wem beeinflusst? – o. Ä. c) Hervorheben und Festhalten wichtiger allgemeingültiger Aussagen d) Vergleich mit der Umfrage (S. 258) 2. Einzelne Feiertage streichen? Den Sonntag als freier Tag beliebig über die Woche verteilbar? a) Diskussion in kleineren Gruppen b) Rückblick auf Verlauf und Ergebnis der einzelnen Diskussionsrunden c) Eingehen auf die Bedeutung religiöser Feiertage und auch des Sonntages Folgen für unterschiedlich Betroffene bei den angestrebten Veränderungen d) Aufzeigen unterschiedlicher Wertvorstellungen (S. 258/259) und Festhalten als Tafelanschrieb 3. Säkularisierung a) Tafelimpuls: „Loslösungen vom Christentum in Politik, Kultur und Gesellschaft" b) Schülerantworten c) als Zusammenfassung lesen (S. 259)	Markierungspunkte anbringen LSG problematisiertes und vertieftes Arbeiten mit Schüleraussagen LSG Arbeit in kleineren Gruppen LSG LSG	Schüleraussagen an der Wand. davor Halbkreis Wandtafel Wandtafel, Pinnwand Bildmaterialien (z. B. S. 260/261) Präsentationen Wandtafel, Folien Wandtafel Ethikbuch
Ergebnissicherung	Formulieren eines Leserbriefes und einer entsprechenden Gegendarstellung	Kleingruppen	Kärtchen zum Sammeln von Argumenten

Kompetenzhinweise

Die Schüler/innen erwerben das für das Verständnis des Christentums notwendige Grundwissen und können auf dieser Basis

... christliche Feste und Bräuche an exemplarischen Beispielen beschreiben und den Begriff Säkularisierung definieren,

... die wichtigsten Stationen des Lebens Jesu im historischen Kontext darlegen, das Problem der Gottessohnschaft Jesu formulieren und aus Sicht des Judentums und des Islam bewerten,

... die Grundzüge christlicher Ethik am Beispiel der Bergpredigt und des Gleichnisses vom barmherzigen Samariter so zusammenfassen und erklären, dass sie ihrer Bedeutung für die heutige Zeit gerecht werden,

... in Ansätzen die Entwicklung des Christentums in Gestalt der Institution Kirche erörtern,

... die Bedeutung des Christentums für das Leben heute – insbesondere aus Sicht junger Menschen – an Beispielen problematisieren und wesentliche Punkte kirchenkritischer Ansätze benennen.

Gerade weil das Christentum in vielfältigen Erscheinungsformen den Schüler/inne/n des Ethikunterrichts fast täglich begegnet, ergeben sich immer wieder Gespräche und Begegnungen mit Nicht-Christen und Christen als eine wichtige Möglichkeit, unterschiedliche Glaubenseinstellungen kennenzulernen und sich mit ihnen auseinanderzusetzen. Hier haben sie in besonderer Weise die Möglichkeit, eine dialogische Gesprächskultur zu üben.

Für manche Fragen und Probleme der Bedeutung des Christentums für die heutige Zeit können Expertenbefragungen hilfreich sein: katholische oder evangelische Religionslehrer/innen, Teilnehmer/innen bei Kirchenveranstaltungen, Mitarbeiter/innen christlich-sozialer Einrichtungen.

Die für das Zusammenleben der Menschen nötige religiöse Toleranz ist vor allem dann gefragt, wenn sich Menschen aus innerer Überzeugung heraus zu ihrem Glauben bekennen und bereit sind, mit anderen auch darüber zu sprechen. Solche Situationen können sich auch im Verlauf des Ethikunterrichts zum Thema Christentum ergeben und sind eine gute Möglichkeit, die eigene Empathiefähigkeit zu überprüfen und weiter zu entwickeln.

Es gibt im Christentum Sitten, Gebräuche, überlieferte Verhaltensvorschriften, offizielle Stellungnahmen und Wertungen zur Sexualmoral, zur Gleichberechtigung, zur Mitbestimmung, die besonders auch unter den jungen Menschen unterschiedlich bewertet werden. Das bietet immer wieder Anlässe, ethisch zu argumentieren und die eigene Argumentations- und Urteilskompetenz zu schulen.

Vorschläge für Klassenarbeiten

Wie bei allen religionskundlichen Unterrichtseinheiten gibt es auch beim Christentum viele Möglichkeiten, grundlegendes Wissen abzufragen und zu bewerten – je nach Schwerpunktsetzung des Unterrichts.

Das Buch bietet dazu viele Hilfestellungen. Dazu gehören zum Beispiel die Informationskästen, zusammenfassende Textabschnitte und vor allem auch die vielseitigen Arbeitsanweisungen auf den jeweiligen Doppelseiten.

Es ist sinnvoll, in diesem Zusammenhang die Klassenarbeitstermine so zu planen, dass eine Klassenarbeit zu diesem Thema erst angesetzt wird, wenn die Behandlung des Islam abgeschlossen ist. Die Überprüfungsseiten (S. 306/307) sind so aufgebaut, dass das Grundwissen über Erscheinungsformen, Entstehung und Ausbreitung, religiöse Glaubensgrundlagen, Jenseitsvorstellungen und ethische Grundforderungen vergleichend abgefragt werden können.

Darüber hinaus gibt es auch für die Unterrichtseinheit Christentum alternative Möglichkeiten, Wissen und Kompetenzen zu überprüfen und zu bewerten, zum Beispiel bewertete Präsentationen von Referaten oder Projektbeiträgen, die insbesondere bei der Behandlung der Geschichte des Christentums ergänzend oder auch fächerübergreifend möglich sind.

Allgemeine Erläuterungen zur Unterrichtseinheit: Islam

Nach Angaben der Bundesregierung vom April 2007 leben in Deutschland mehr als drei Millionen Muslime und etwa eine Million davon sind inzwischen deutsche Staatsbürger. Die Zahl der türkischstämmigen Muslime in Deutschland beträgt bis jetzt knapp 2,5 Millionen. Wie kann ermöglicht werden, dass sich dieser große Bevölkerungsanteil in Deutschland erfolgreich integriert? Die jetzige Situation wird mehrheitlich in Deutschland noch als unbefriedigend erlebt und das Integrationsproblem wird gegenwärtig in den Medien Deutschlands oft sehr gegensätzlich diskutiert. Dabei tritt in der Medienlandschaft der Islam der Bevölkerung immer wieder auch als Bedrohung entgegen und Begriffe wie „islamischer Fundamentalismus", „Islamisierung Europas", „Kampf der Kulturen" usw. wecken Ängste und Feindbilder.

Der Ethikunterricht leistet in dieser Situation einen wichtigen Beitrag vor allem für das Zusammenleben von Muslimen und Nicht-Muslimen im Umfeld der Schüler/innen. Dazu gehören die Wissensvermittlung für das Verständnis des Islam, die Begegnung, das Gespräch, der Dialog, die Diskussion, die ethische Argumentation bei der Klarstellung und Begründung unterschiedlicher Standpunkte und das Einfordern von ethischen Grundhaltungen bei allen Beteiligten auf der Basis der Menschenwürde, der Menschenrechte und der gegenseitigen Toleranz. So kann die Beschäftigung mit der Welt des Islam im Ethikunterricht die Bereitschaft fördern, fremde Lebensformen in ihrem Selbstverständnis wahrzunehmen und zu verstehen und dadurch eigene Vorurteile abzubauen.

Zumindest in größeren Städten kann man davon ausgehen, dass muslimische Schüler/innen am Ethikunterricht teilnehmen. Bei fast allen Themenbereichen ergibt sich dadurch die Möglichkeit, sie zu aktivieren für Informationen, Gespräche, Diskussionen, Begegnungen, Vermittlung von Kontakten zu muslimischen Gemeinden usw. Das sollte sich wie ein roter Faden durch die Behandlung des Islam im Ethikunterricht ziehen und an exemplarischen Beispielen gibt es fast zu jedem Kapitel der Unterrichtseinheit in den Aufgabenstellungen entsprechende konkrete Hinweise und Anregungen.

Leitfaden für mögliche Unterrichtssequenzen

Seite 280/281

11. Der Islam – die jüngste der Weltreligionen

Die Geschichte des Islam beginnt mit Mohammed, dem Propheten. In allen Medienstellen gibt es zu seinem Leben entsprechendes Filmmaterial. Die Zusammenfassung seines Lebens und Wirkens in Form eines Porträts (S. 280) verdeutlicht in kurzer Form, welche außerordentliche Bedeutung Mohammed für die islamische Welt hat und macht wenigstens in Ansätzen verständlich, wie empfindlich viele Muslime reagieren, wenn das Ansehen Mohammeds in irgendeiner Form beeinträchtigt oder gar seine Existenz angezweifelt wird. Der Bildimpuls (S. 280) ermöglicht eine Problematisierung des Bilderverbotes und die Übersichtskarte zur Verbreitung des Islam heute ermöglicht auch einen Blick auf die beiden Hauptgruppen Sunniten und Schiiten. Islamische Kernländer sind auch für Deutsche beliebte Reiseziele und hierzu bieten vor allem die Reiseinformationen aus Internetrecherchen (Aufgabe 5, S. 281) übersichtliche Informationen zu den religiösen und gesellschaftlichen Verhältnissen des jeweiligen Landes. Auch aus den Verhaltensvorschriften für Touristen ergeben sich Einblicke in die religiösen Grundlagen und Anregungen für weitere Unterrichtsstunden.

Seite 282/283

12. Was bedeutet die Moschee für Muslime?

Kernstück dieser Unterrichtseinheit ist das „Lernen vor Ort", der vorbereitete und nachbereitete Besuch einer Moschee. Die Reiseerzählung eines Islamwissenschaftlers über den Besuch einer Moschee in Kairo (S. 282) dient als wichtige Vorbereitung, weil sie bereits die wichtigsten Moscheeeinrichtungen benennt und vor allem weil sie – auch in Zusammenhang mit der islamischen Architektur (S. 279) – die zentrale Stellung und die große kulturelle Bedeutung der Moschee in einem Islamischen Land deutlich macht. Bildmaterialien zu berühmten Moscheen sind an dieser Stelle eine wertvolle Ergänzung. Auch in Deutschland werden mittlerweile große und prachtvolle Moscheen gebaut, zum Beispiel in Duisburg für 1200 Gläubige mit einer 23 Meter hohen Kuppel und einem 34 Meter hohen Minarett. Die Einweihung war im Oktober 2008.

Einen Muezzin-Ruf vom Minarett wird es allerdings nicht geben. In der Regel aber führen die Moscheebesuche vor Ort unsere Schülerinnen in wesentlich kleinere und einfacher ausgestattete Moscheen. Auf die persönliche Bedeutung einer Moschee für Muslime wird aus der Innensicht eingegangen, aus der Sicht muslimischer Jugendlicher.

Seite 284–287

13. Welche religiösen Pflichten gelten für alle Muslime?
14. Wie erleben Muslime ihre religiösen Pflichten?

Im Vordergrund stehen die fünf religiösen Grundpflichten, die von allen Muslimen anerkannt werden: das Glaubensbekenntnis als Bekenntnisgebet und als Übertrittsformel, das fünfmalige tägliche Pflichtgebet mit Reinigungsritual, Gebetsrichtung und Gebetshaltung, die Zakat (jährliche Pflichtabgabe, Almosensteuer, soziale Verpflichtung) als Akt der persönlichen Reinigung und Ausdruck der Dankbarkeit, das Fasten im Monat Ramadan als Zeichen des Verzichtenkönnens, des Befreiens von Leidenschaften, die Pilgerfahrt nach Mekka in ihrer Bedeutung für das Zusammengehörigkeitsgefühl aller Muslime weltweit und als Zeichen der Gleichheit aller Menschen.

Diese Unterrichtseinheit bietet eine gute Gelegenheit, mit muslimischen Jugendlichen ins Gespräch zu kommen und ihr persönliches Denken und Verhalten gegenüber diesen fünf Grundverpflichtungen zu erfahren und auch zu hinterfragen.

Seite 288–289

15. Muslimische Feiertage im Jahreskreis

Hier bietet sich als idealer Einstieg das Fest des Fastenbrechens (in der Türkei Zuckerfest) an und besonders günstig wirkt es sich aus, wenn man den jährlichen Stoffverteilungsplan so organisieren kann, dass das Fasten und das Zuckerfest dann behandelt werden, wenn sie laut Kalender auch stattfinden. Es ist auch der beste Zeitpunkt, um jugendliche Muslime eventuell auch in den Unterricht einzuladen. Hier können sie schildern, wie sie und ihre Familien das Fasten und das Fest des Fastenbrechens erlebt haben und welche Bedeutung sie diesem zumessen. Aus der Tatsache, dass sich der Termin dieses Festes jährlich verschiebt, ergibt sich von selbst der Impuls, über den islamischen Kalender zu sprechen.

Ebenfalls hilfreich ist die Kopplung der Themen Pilgerfahrt nach Mekka und Opferfest. Eventuelle Medien (Filme, Abbildungen) können lebendig und anschaulich ergänzt werden durch die Erlebnisschilderung „Aufbruch zur Pilgerfahrt" (S. 286), weil hier die besondere persönliche Bedeutung der Pilgerfahrt im Mittelpunkt steht.

Seite 290–297

16. Was ist der Koran?
17. Gleichberechtigung der Frau im Islam?
18. … so steht es im Koran?
19. Frauen im Islam – zwischen Unterdrückung und neuem Selbstverständnis

Der Koran ist ein Buch, das interpretiert und ausgelegt werden muss (Koranschulen). Unterschiedliche Auslegungen bestimmen den religiösen Hintergrund vieler Konfliktbereiche (Gleichberechtigung der Frau, Scharia, Dschihad, Kleidungs- und Verhaltensvorschriften usw.) zwischen der muslimischen Welt und der modernen westlichen Welt und auch innerhalb der muslimischen Glaubens- und Lebenspraxis. Es ist ein wichtiges Anliegen dieser Unterrichtseinheit, die Interpretationsunterschiede und den Auslegungsprozess an exemplarischen Beispielen (S. 292/293/295) vorzustellen und zu verdeutlichen und im Umgang mit ausgesuchten Koranstellen auch erfahrbar werden zu lassen. Auch wenn man die nicht religiös begründeten kulturellen Verschiedenheiten ausklammert, stellt sich innerhalb der gegenwärtigen Integrationsdiskussionen die Gretchenfrage: „Welches Koranverständnis beeinflusst und bestimmt das Leben der Muslime in Deutschland?"

Seite 300–303

21. Muslime in Deutschland
22. Christentum und Islam im Dialog

„Wie ist in Deutschland ein Leben in Frieden miteinander möglich?" Am Ende der Doppeleinheit „Religionen: Christentum und Islam" bietet es sich an, diese Frage in den Mittelpunkt zu stellen und zu problematisieren. Chancen und mögliche Erfolge der Integrationsbemühungen in Deutschland werden sehr konträr diskutiert und bewertet. Das Kapitel „Muslime in Deutschland" (S. 300/301) stellt zwei gegensätzliche Standpunkte einander gegenüber, in denen wichtige Argumente artikuliert werden. Was fördert, was erschwert die Integration? Die Antworten sind schwierig. Spektakuläre Schlagworte oder gegenseitige Schuldzuweisungen sind wenig hilfreich. Das sollen die Schülerinnen und Schüler bei der Analyse dieser Texte wahrnehmen.

Seite 300 Tafelbild/Argumentationsskizze: Muslime in Deutschland

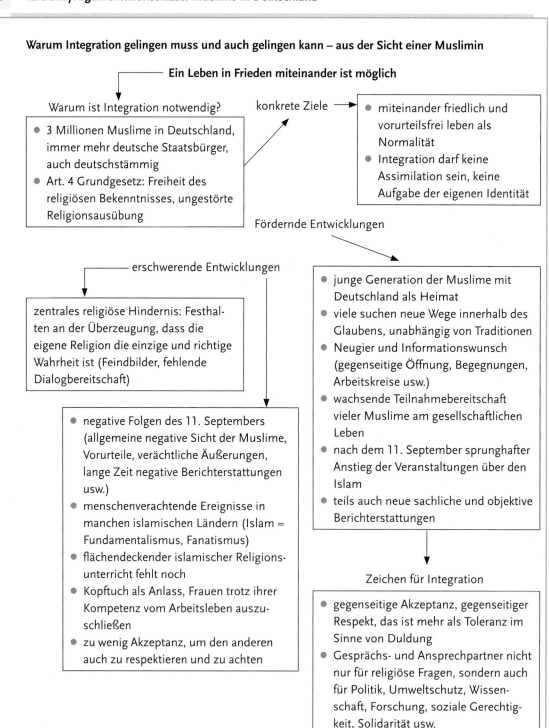

Anmerkung: Es dient der Objektivierung, wenn man dieser mehr optimistischen Einschätzung der Integrationschancen die Meinung von Necla Kelek „Warum Integration immer wieder scheitert" (S. 301) gegenüberstellt.

Es ist eine allgemeine Aufgabe des Ethikunterrichts, das Vorhandensein von Feindbildern zu problematisieren und solchen Haltungen entgegenzuwirken. Ein Feindbild ist der größte Feind des Dialogs – besonders bei Religionen. Damit beschäftigt sich der Einstieg in das Kapitel „Christentum und Islam im Dialog" (S. 302/303). Die Fotos veranschaulichen die entgegengesetzte Haltung: Anstoß zum Dialog mit konkreten Aktionen.

Auch wenn von beiden Seiten die Dialogbereitschaft da ist, kann er nicht erfolgreich geführt werden, wenn zu Beginn wichtige Voraussetzungen fehlen. Welche Voraussetzungen braucht ein Dialog der Religionen?

Ein Christ und eine Muslimin geben darauf ihre Antwort. In der Analyse der beiden Stellungnahmen können die Schülerinnen und Schüler Argumente stichwortartig gegenüberstellen, vergleichen und bewerten.

Das ist auch eine wichtige Vorbereitung für die Organisation eines Expertendialogs, wie er als Abschluss des Kapitels vorgeschlagen wird (Aufgabe 9, S. 303).

Material 15 — Die Muslime in Deutschland heute

Internetveröffentlichung „Der Islam in Deutschland" von Hamideh Mohagheghi[1]

Alle hier lebenden Muslime geben kein einheitliches Bild ab. Sie sind Individuen, die aufgrund ihrer Erziehung, Bildung und Herkunftsländer unterschiedliche Anschauungen haben. Die junge Generation, die bewusst ihre Religion ausübt, macht sich Gedanken und nutzt die Chance, außerhalb der Grenzen
5 der traditionellen Tendenzen eigene Wege zu finden. Für sie ist, entweder durch deutsche Staatsbürgerschaft oder aufgrund des langjährigen Aufenthalts, Deutschland zum Heimatland geworden. Von den ca. 3,4 Millionen Muslimen, die zurzeit in Deutschland leben, werden in Zukunft mehr und mehr Staatsbürger dieses Landes sein, und gemäß den Bestimmungen der Verfassung sind sie berechtigt, nach ihrem Glauben zu leben, laut Art. 4. 1 des Grundgesetzes „... die Freiheit des religiösen und
10 weltanschaulichen Bekenntnisses sind unverletzlich." Und im gleichen Art. heißt es: „Die ungestörte Religionsausübung wird gewährleistet." In diesem Sinne haben schon die Könige und Kaiser gehandelt. Es ist zu überlegen, warum in unserer Zeit, trotz der räumlichen Annäherung der Menschen unterschiedlicher Kulturen und Religionen und der Informationsflut über andere Menschen, es immer wieder Schwierigkeiten bereitet, wenn Menschen nach ihrem Glauben leben möchten.
15 Für viele Muslime, die in Deutschland leben, ist es eindeutig, dass sie ihre Religion unabhängig von Traditionen überdenken und neu entdecken müssen. Seit einigen Jahren ist das Interesse und die Bereitschaft, sich gegenseitig zu öffnen und mehr von einander zu wissen, auf allen Seiten größer geworden. Dies zeigt sich in den persönlichen Begegnungen und den verschiedenen Arbeitskreisen, aber auch in der Wahrnehmung der religiösen Praktiken, Rituale und Feste der anderen Religionen.
20 Gemeinsame multireligiöse Gottesdienste und Gratulationen zu den verschiedenen Anlässen sind sehr wichtige Schritte zur Annäherung. Diese sind Schritte, die die Partizipation der Muslime in verschiedenen Bereichen der Gesellschaft ermöglichen. Dennoch ist ein reibungsloses und vorurteilsfreies Leben miteinander noch nicht zu einer Normalität geworden.

Die verheerenden Ereignisse am 11. September und deren Folgen brachten eine Änderung in diese
25 Entwicklung, die sowohl negativ als auch positiv zu sehen ist:

Negativ an dieser Entwicklung ist, wie oft zu hören, dass sich die Situation der Muslime im Westen drastisch geändert hat. Die Berichte über die verächtlichen Äußerungen gegenüber den Muslimen und auch die Übergriffe sind bis heute zahlreich. Obwohl diese nachgelassen haben, spüren die Muslime, dass sie mit anderen Augen gesehen und beobachtet werden. Die zahlreichen Medien in unserer
30 Zeit spielen eine entscheidende Rolle in der Bildung der Meinungen, Beurteilungen und Vorurteile. Die passive Konsumierung der Berichte und Faszination der Bilder und Aufnahmen beeinflussen unsere Wahrnehmungen. Daher ist es begrüßenswert, dass neben den zahlreichen negativen Darstellungen auch seit neuem sachliche und objektive Berichterstattungen und Dokumentarfilme, wenn auch in der Zahl sehr bescheiden, zu sehen sind.
35 In Verbindung mit den Ereignissen vom 11. September werden die Wörter „islamisch" und „muslimisch" so oft benutzt, dass das Wort „Terrorismus" und „Terroristen" ohne dieses Adjektiv unvorstell-

---

[1] 1954 in Teheran geboren, iranische Juristin und islamische Theologin, Vorsitzende der muslimischen Akademie in Deutschland, Lehrbeauftragte für die Religion des Islam an der Universität Paderborn

bar scheint. Dies führt neben den Berichterstattungen dazu, dass die Muslime (die kopftuchtragenden Frauen oder bärtige Männer mit dunklem Teint) nicht selten als verdächtige Personen und potenzielle Terroristen gesehen werden, die nur auf die Gelegenheit warten! Für die Muslime bedeutet dies: sie müssen ständig beweisen, dass sie ja loyale Mitbürger dieses Landes sind. Auch diejenigen, die seit langer Zeit in Deutschland leben und ihre Loyalität mit ihrer Lebensweise längst praktisch gelebt haben, werden auf einmal als potenzielle „Verdächtige" gebrandmarkt. Dies führt zu Unsicherheiten und auch zu Empörungen und verhindert nicht selten ein konstruktives und vertrauensvolles Leben miteinander. Die positive Seite ist, dass in dieser Zeit die Zahl der Veranstaltungen über den Islam sprunghaft gestiegen ist. Diese Veranstaltungen sind wichtige Meilensteine zum gegenseitigen Kennenlernen und mehr voneinander erfahren. Von dieser positiven Entwicklung erhoffen wir, dass damit ein Leben in Frieden miteinander erleichtert und gefördert wird, trotz bestehender Unterschiede.

Es kann nicht im Interesse des Dialogs sein, die Unterschiede ausklammern oder Gleichmacherei betreiben zu wollen. Die Religiosität und Überzeugung im eigenen Glauben ist ein wichtiges Fundament im interreligiösen Dialog. Die Überzeugung, dass der eigene Weg der einzig richtige und die einzige Wahrheit ist, gepaart mit der fehlenden Bereitschaft, andersgläubige Menschen mit und in ihrer Religion zu akzeptieren, blockiert leider oft die Bereitschaft, den anderen zuzuhören und damit die Möglichkeit des gegenseitigen Verstehens. Momentan sind die Menschen neugierig und informationsdurstig, es ist zu wünschen und zu hoffen, dass die Gespräche auch sachlich und dienlich verlaufen.

Die alltäglichen religiösen Praktiken der Muslime in Deutschland, die äußerlich und öffentlich zu sehen sind, bilden das Hauptthema der Diskussionen. Für viele Muslime ist es aber wichtig, auch über andere Themen zu diskutieren, die alle Menschen betreffen. Die Umweltproblematik, die ethischen Werte in der Wissenschaft und Forschung, die soziale Gerechtigkeit und Politik sind u. a. Themen, über die Muslime sich auch mit andersgläubigen Menschen, mit denen sie hier leben, austauschen möchten. Die meisten Muslime versuchen, sich in diese Gesellschaft zu integrieren. In eine Gesellschaft, die sie zwar als Zuhause betrachten, in der sie jedoch der Minderheit angehören. Integration kann und darf aber nicht Assimilation bedeuten und keinesfalls zur Aufgabe der eigenen Identität führen. Unser aller gemeinsames Ziel ist es, dass wir miteinander in Frieden und Zufriedenheit leben können. Hierin können die vielfältigen Religionen und Kulturen mit ihren Weisheiten der vergangenen Jahrtausende eine große Hilfeleistung sein.

Einige Erfolge sind in den letzten Jahren erzielt, trotzdem sehe ich einige Punkte, die unseren Weg der Annäherung erschweren:
- Durch verheerende Ereignisse in den sogenannten islamischen Ländern und in der Weltpolitik werden die praktizierenden Muslime oft mit den Begriffen Fundamentalismus und Fanatismus konfrontiert.
- Der islamische Religionsunterricht ist immer noch nicht flächendeckend durchführbar, da von beiden Seiten (der Staat und die Muslime) immer wieder Hürden auferlegt werden.
- Trotz aufklärender Diskussionen ist das Kopftuch der muslimischen Frauen wieder und wieder Anlass, sie trotz ihr Kompetenz aus dem Arbeitsleben auszuschließen (Lehrer, Verkäufer, Ärzte, Krankenschwester).
- Es fehlt immer noch an gegenseitiger Akzeptanz, um den anderen so zu akzeptieren und zu respektieren, wie er ist (bewusst benutze ich nicht das Wort Toleranz, es soll keine Duldung sein, sondern Akzeptanz).

Eine Äußerung, die mich auf einer meiner Vortragsveranstaltungen schockierte, war die Behauptung eines Pastoren: „Wir können mit Muslimen keinen Dialog führen, weil ihr Gott anders ist als unser. Er ist ein strafender und grausamer Gott, der keine Liebe für Seine Geschöpfe empfindet." Ähnlich dieser Einstellung gibt es leider auch bei Muslimen Menschen, die sagen: „Christen sind keine Monotheisten, weil sie an drei Götter glauben, mit ihnen können wir kein Gespräch führen." Die zwei beispielhaft aufgeführten Aussagen lassen erkennen, warum trotz jahrelanger Gespräche die wünschenswerte Annäherung noch nicht erreicht worden ist.

Liegt der Grund für diese fehlende Bereitschaft zur Akzeptanz in tief verwurzelten Vorurteilen? Sind es die kriegerischen Auseinandersetzungen im Laufe der Geschichte, die uns auseinanderhalten? Oder ist es die Instrumentalisierung der Religion, die uns das Menschliche und Ideelle vergessen lässt?

Zweifelsohne sind es gesellschaftliche, politische, persönliche und auch theologische Gründe, die uns trotz unserer Gemeinsamkeiten voneinander trennen. Es liegt an uns, die in diesem Land zusammenleben, die trennenden und verbindenden Elemente aufzuarbeiten, wenn wir ehrlich und aufrichtig sein wollen – in unserer Religion, dem Schöpfer gegenüber und Seinen Geschöpfen – auch und erst recht, wenn sie verschieden und andersgläubig sind.

(Aus: http://www.al-sakina.de/inhalt/artikel/amg/mohagh/mohagh.html#4, überarb. nach Angaben der Autorin)

Exemplarische Unterrichtsstunde

Seite 285 **Beispiel: „Das Fasten im Monat Ramadan"**

Die vorgeschlagene Unterrichtsstunde gebt davon aus, dass sie möglichst zeitgleich oder kurz nach Beendigung des jeweiligen Ramadan stattfindet und dass die Schüler/innen den Auftrag hatten, aktuelle Materialien (Zeitungsberichte, ausgedruckte Internetnachrichten usw.) zu sammeln und in den Unterricht mitzubringen, ebenfalls einen muslimischen Kalender.

Phase	Inhalte	Arbeitsformen	Medium
Einstieg	1. Präsentieren der mitgebrachten Materialien (auslegen, anheften, vorlesen, selbst lesen ...) 2. Was ich dazu fragen möchte? Fragen auf Zettel (jeder für sich) und an einer Wand anheften oder mündlich und stichwortartig an der Tafel festhalten.	Metaplantechniken Fragen groß schreiben lassen, von einem Halbkreis aus lesbar	Zeitungsausschnitte, Internetausdrucke Metaplan-Materialien (Pinnwand, größere Wandfläche, Zettel) bzw. Wandtafel
Problematisierung und Erarbeitung	1. Wann, wie und warum soll ich fasten? a) religiöse Grundlagen, Klassengespräch, muslimische Schüler/innen schildern ihre Erfahrungen, wichtige Stichworte an der Tafel b) erste Zusammenfassung: Welche Vorschriften gibt es für das Fasten? (S. 285) Welche Bedeutung hat das Fasten für den Fastenden? (S. 285) c) Das Ende des Fastenmonats: Schüler erzählen, Zuckerfest, Schilderungen „Fasten als Fest" (S. 287), „Gemeinsam essen und darüber reden" (S. 287) 2. Warum verschiebt sich die muslimische Fastenzeit jedes Jahr? a) Erarbeitung in Zweiergruppen mit den Texten S. 285/288 (islamischer Kalender) b) Präsentation der Gruppenergebnisse, wichtige Stichworte zum islamischen Kalender festhalten c) Umrechnungsübungen vom islamischen in den gregorianischen Kalender und umgekehrt, heutiges Jahr ...	Klassengespräch LSG Stichwortartig an die Wandtafel oder auf Folie Klassengespräch LSG Zweiergruppen LSG Zweiergruppen	Fragenzettel Wandtafel Wandtafel, Folie, Ethikbuch Schülerbeiträge Ethikbuch Wandtafel, Folie, mitgebrachte muslimische Kalender (enthalten u. U. Angaben zu den jeweiligen täglichen Gebetszeiten als Wiederholungsimpuls)
Problematisierung und Erarbeitung	3. Persönliche Erfahrungen mit Verzichten und Selbstbeherrschung ohne Bezug zur Religion. Schüler äußern sich: Welcher Verzicht, welches Motiv, welches Ergebnis? Bewertungen	LSG	
Ergebnissicherung	Gestaltung eines großflächigen Informationsplakates zum Fasten der Muslime	Kleingruppen	Materialien

Kompetenzhinweise

Die Schülerinnen und Schüler erwerben das für das Verständnis der religiösen Grundlagen des Islam und seiner religiösen Praxis notwendige Grundwissen und können auf dieser Basis
- an Beispielen die kulturgeschichtliche Bedeutung des Islam aufzeigen,
- die Entstehung und die Lehre des Islam in Ansätzen darlegen,
- die religiösen Pflichten des Islam benennen und ihren religiösen Hintergrund verstehen,
- den Koran im Aufbau beschreiben, seine außerordentliche Bedeutung für Muslime nachvollziehen, einzelne ausgewählte Inhalte erfassen und bewerten und das Problem der Koranauslegung an exemplarischen Beispielen mit Blick auf Konflikte zwischen der muslimischen und der westlich orientierten Welt – auch für die Muslime in Deutschland – gewichten,
- in strittigen Fragen wie Gleichberechtigung der Frau, Scharia, Dschihad, arrangierte Ehe usw. diskutieren und ihren eigenen Standpunkt argumentativ auf dem Boden ethischer Grundwerte vertreten,
- die Notwendigkeit der Integration der Muslime in Deutschland einsehen und Grundhaltungen aufzeigen und bewerten, die das Zusammenleben von Muslimen und Nicht-Muslimen fördern bzw. erschweren,
- die große Bedeutung des Dialogs zwischen den Religionen für das Zusammenleben der Menschen und den Frieden in der Welt verstehen und in Ansätzen in ihrem Umfeld eine Kultur des Dialogs entwickeln.

Durch die bei dieser Unterrichtseinheit sich häufig ergebenden Möglichkeiten, mit muslimischen Mitschüler/inne/n oder mit Vertretern muslimischer Gemeinden ins Gespräch zu kommen, zu diskutieren, Standpunkte zu vertreten usw., werden vor allem auch Wahrnehmungs- und Deutungskompetenzen, Argumentations- und Urteilskompetenzen und das Empathievermögen gefördert.

Für das Verstehen und das Bewerten der nach westlichem Verständnis eingeschränkten Freiheiten muslimischer Schüler/innen oder Jugendlicher hier in Deutschland ist auch die Fähigkeit des Perspektivenwechsels notwendig. Welche Sorgen und welche Ängste haben muslimische Väter und Mütter vor dem Hintergrund ihrer kulturellen Wurzeln und Grundlagen?

Vorschläge für Klassenarbeiten

Wie bei allen religionskundlichen Unterrichtseinheiten gibt es auch beim Islam viele Möglichkeiten, grundlegendes Wissen abzufragen und zu bewerten – je nach Schwerpunktsetzung des Unterrichts.
Das Buch bietet dazu viele Hilfestellungen. Dazu gehören zum Beispiel die Informationskästen, zusammenfassende Textabschnitte und vor allem auch die vielseitigen Arbeitsanweisungen auf den jeweiligen Doppelseiten.
Es ist sinnvoll, in diesem Zusammenhang die Klassenarbeitstermine so zu planen, dass eine Klassenarbeit zu diesem Thema erst angesetzt wird, wenn die Behandlung beider Religionen, Christentum und Islam, abgeschlossen ist. Die Überprüfungsseiten (S. 306/307) sind so aufgebaut, dass das Grundwissen über Erscheinungsformen, Entstehung und Ausbreitung, religiöse Glaubensgrundlagen, Jenseitsvorstellungen und ethische Grundforderungen vergleichend abgefragt werden kann.
Darüber hinaus gibt es auch für die Unterrichtseinheit Islam alternative Möglichkeiten, Wissen und Kompetenzen zu überprüfen und zu bewerten, zum Beispiel bewertete Präsentationen von Referaten oder Projektbeiträgen.

Hierzu einige Anregungen:
- die islamische Architektur am Beispiel ausgesuchter großer Moscheen – auch fächerübergreifend möglich
- Familien- und Scheidungsrecht ausgesuchter islamischer Kernstaaten (Internetrecherche, Medienkompetenz)
- Vorstellen eines aktuellen Buches

Verzeichnis der im Schülerband aufgeführten Methoden

163	Amerikanische Debatte
155	Argumentationsskizze erstellen
228	Assoziative Satzergänzung
31	Bildassoziation
66	Bildinterpretation
110	Blitzlicht
182	Concept-Mapping
213	Dilemma-Diskussion
303	Expertengespräch
128	Fallanalyse
85	Filmanalyse
34	Gruppenpuzzle
157	Interviewfragen
98	Kontrollierter Dialog
67	Kugellager
101	Leerer Stuhl
283	Lernen vor Ort
55	Rollenspiel
139	Sokratische Begriffsklärung
144	Sokratisches Gespräch
59	Spinnwebanalyse
9	Standbild
159	Textinszenierung
250	Umfrage durchführen
175	Västeras
267	Vier-Ecken-Gespräch
135	Wandzeitung erstellen